社会语言学视阈下的媒体语言

许红晴 著

中国纺织出版社有限公司

内 容 提 要

本书以社会语言学视阈下的媒体语言为研究对象,共五章,主要介绍了语言与社会语言学的含义、语言与媒体语言、网络流行语、广播影视语言以及媒体的语言艺术等方面的内容。本书重点介绍了网络流行语产生的因素、广播影视语言传播,以及网络语言与广播电视语言两者的关系,最后还详细地介绍了媒体语言语法及修辞的运用。

本书内容新颖,实用性强,适用于汉语言文学、新闻学、传播学等相关研究者、高校师生及相关从业人员参考阅读。

图书在版编目(CIP)数据

社会语言学视阈下的媒体语言/许红晴著. —北京:中国纺织出版社有限公司,2021.4(2025.8重印)
ISBN 978-7-5180-8411-1

Ⅰ.①社… Ⅱ.①许… Ⅲ.①媒体—社会语言学—研究 Ⅳ.①G206.2②H0-05

中国版本图书馆 CIP 数据核字(2021)第 040156 号

策划编辑:韩 阳　　　　责任编辑:朱健桦
责任校对:高 涵　　　　责任印制:储志伟

中国纺织出版社有限公司出版发行
地址:北京市朝阳区百子湾东里 A407 号楼　邮政编码:100124
销售电话:010—67004422　传真:010—87155801
http://www.c-textilep.com
中国纺织出版社天猫旗舰店
官方微博 http://weibo.com/2119887771
北京虎彩文化传播有限公司印刷　各地新华书店经销
2021 年 4 月第 1 版　2025 年 8 月第 3 次印刷
开本:710×1000　1/16　印张:10.625
字数:210 千字　定价:59.80 元

凡购本书,如有缺页、倒页、脱页,由本社图书营销中心调换

前言

媒体是交流和传播信息的工具。无论是传统媒体，还是新媒体，都离不开语言。语言不但关系到媒体内容的传播效果，而且还是构成社会文化环境的重要元素。

随着时代的发展、科技的进步，当今媒体已从报刊、广播、电视发展到网络及其他新媒体。媒体形式的不断发展，使媒体语言也表现出了鲜明的时代特点。语言材料极大丰富，语言风格多样，人们使用与探索语言的积极性高涨，这些对社会语言生活产生了重大的影响。

本书共五章，第一章为绪论，包括语言与交际、语言与社会及社会语言学；第二章为语言与媒体语言，包括语言的发展、语言与媒体、媒体语言类型；第三章为网络流行语，包括网络语言及其风格、网络流行语生成的语言学动因、网络流行语产生的社会因素；第四章为广播影视语言，包括广播影视语言传播、新媒体语境下的广播影视语言传播与社会影响力、网络语言对广播电视语言的影响、广播电视媒体中网络流行语的使用；第五章为媒体的语言艺术，包括语言表达与修改、语法知识及其运用、修辞知识及其运用。本书是桂林旅游学院汉语国际教育一流专业建设阶段性成果。

本书在编写过程中，参考和借鉴了国内外相关专家学者的著作及研究成果，在此表示最诚挚的感谢。由于编者水平有限，书中难免会有不完善、不准确和疏漏之处，期待广大读者的批评指正。

许红晴
2020年12月于桂林

目录

第一章 绪论 1
- 第一节 语言与交际 1
- 第二节 语言与社会 6
- 第三节 社会语言学 13

第二章 语言与媒体语言 23
- 第一节 语言的发展 23
- 第二节 语言与媒体 38
- 第三节 媒体语言类型 45

第三章 网络流行语 50
- 第一节 网络语言及其风格 50
- 第二节 网络流行语生成的语言学动因 59
- 第三节 网络流行语产生的社会因素 63

第四章 广播影视语言 67
- 第一节 广播影视语言传播 67
- 第二节 新媒体语境下的广播影视语言传播与社会影响力 102
- 第三节 网络语言对广播电视语言的影响 131
- 第四节 广播电视媒体中网络流行语的使用 134

第五章 媒体的语言艺术 142
- 第一节 语言表达与修改 142

第二节　语法知识及其运用 …………………………………… 148

第三节　修辞知识及其运用 …………………………………… 158

参考文献 ……………………………………………………………… 164

第一章 绪 论

语言是社会交际的工具。没有社会,语言也就无从存在。任何个人的语言现象,都是基于语言作为社会的交际工具而产生和存在。虽然语言的存在和使用离不开人所具有的一些生理和心理条件,这些条件本身还不足以构成形成语言的充要条件。人的发声、辨音、记忆和思维等能力,再加上人所组成的社会以及社会对交际的需求和社会交际过程的特征和限制,这些条件共同构成了人类社会产生和保持语言的基础。对语言的研究,如果不联系社会来进行的话,就会出现基本性的欠缺。社会语言学的产生,可以说就是为了弥补语言学中忽视语言的社会性的研究模式的缺陷。

第一节 语言与交际

语言是人类最重要的交际工具。我们可以从交际的角度来研究语言,看看这方面的研究可以帮助我们了解语言的哪些性质。然后我们再看看不同的民族、不同的社会群体在一定的语言环境中又是怎样运用语言来进行交际的。

什么是交际?所谓交际就是用某种已经建立的符号体系有意识地传递信息。在人们日常交往中语言就是一种符号体系,是某个社会群体中已经存在的一种符号体系。人们用语言来相互交往,达到彼此了解的目的。在人类互相交往的过程中,除了使用语言以外也使用非语言的手段,如身势、手势、面部表情等。由于这些非语言的辅助手段在实际的交往中也起很重要的作用,因此社会语言学在讨论人类的语言交际手段时,也常常研究这些非语言的交际手段的辅助作用。这些非语言的交际手段和语言交际手段一样,都受到社会因素的制约。

人类的交际可以用信息论的模式来描写。通常认为"信息论"的奠基人是申农(C. E. Shannon)。他在他的通信技术理论中提出了如图 1-1 所示的信息传递的模式。

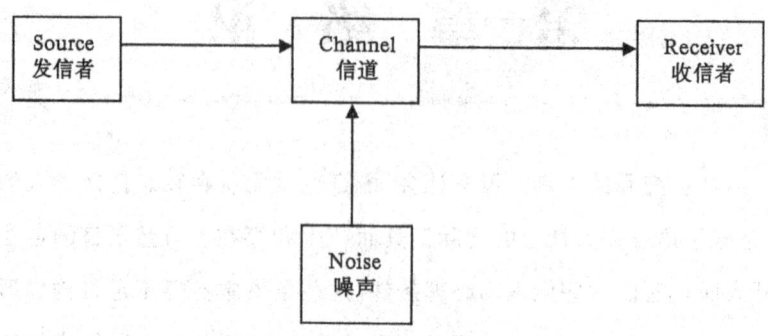

图 1-1　信息传递的模式(一)

这是一个最简单的交际模式。我们可以把人们的说话过程也纳入这样一个模式。说话人就是发信者，听话人是收信者，信道可以是口头的也可以是书面的。在科学技术发达的今天，信道可以是电话、电视、电报、传真、电子邮件、手机短信等。但是归根到底，传递的还是声音、图像和文字符号。上面这个简单的模式是一个说话者向一个听话者传送一个消息。在实际的交际中情况复杂得多。但是一对一的交际是一个基本的交际过程。

在交际过程中最理想的条件是发信者、收信者都很完美，也没有噪声的干扰。这样发出的信息到接受者那里不会有丝毫的变化。但是实际上任何的通信系统都会受到干扰，收信者并不是百分之百地接收到发信者的信息。语言交际也不例外。在交际事件的各组成部分只要有一个部分有缺陷，交际效果就会受到影响。比方说，说话者的发音器官有缺陷，说出来的话含糊不清，或者说话人逻辑思维能力差，不善于组织话语，词不达意。也有可能听话人听力受损，或者理解能力差。这些都影响交际效果。所谓噪声并不单指说话时外界的物理噪声，各种语言变异都会造成说话人和听话人的语言手段不吻合，从而产生系统性"噪声"。为了确定噪声的性质，就要引入"交际语库"这一概念。所谓"交际语库"指说话者和听话者在交流信息的环境中所使用的交际手段的总和。既包括人的语言能力，也包括对语言成分的选择、交际的社会规范等。

如果把上面的模式(图 1-1)稍加修改，如图 1-2 所示。

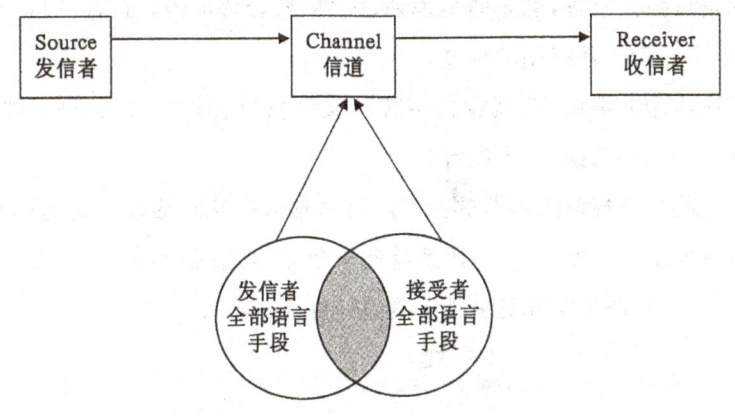

图 1-2　信息传递的模式(二)

两个圆圈的重叠部分表示两者交际手段的吻合部分,剩余部分就成为噪声。如果一个人说的是英语,另一个人说的是法语,那么两者的交际手段吻合部分就很少,噪声极大,两人无法交谈、传递信息。如果一方是上海人,一方是苏州人,两种地方话在语音、词汇和语法方面有较多的重叠之处,那么噪声就小,信息就传递得多。

在交际过程中还有一个"反馈"的内容。收信者在交际的过程中不断向发信者发出一些信息,表示他是否接收到发信者发出的信息。在实际的语言交际中,听话者通过语言、面部表情等不断发出"反馈"。例如,在面对面的谈话中,听话者注视着说话者,时而点头,时而微笑,时而发出"嗯嗯"声,表示正在"接受"对方的"信息"。在相互看不见的电话交谈中,"反馈"更显得重要。听话一方要不断地说"嗯、啊、是、好"等一类的话,表示他在听。如果他不给这样的"反馈",说话一方就立刻会感到不自然,甚至怀疑电话是否已经断线。因为电话谈话缺少视觉信道,因而口头信道的"负荷"就增加了。

语言通过信道起作用。语言符号承载的是信息内容。因此,信道和内容是交际过程中两个重要的组成部分。

在复杂的交际手段中可以按三个方面来区分不同的信道:独立的与非独立的,静态的与非静态的,听觉的和视觉的。

语言是独立的信道,但是姿势、空间距离(说话双方站立或坐的距离)、身势、表情、嗓音等都可以成为一定的信道,这些是非独立的。此外点头、摇头、叹息也可以独立传递信息,但这些又不是语言,不属于有声语言的结构体系的任何部分,因此有人称为"假语言"。

静态的信道指文字等,动态的是说话、手势、嗓音特征等。这样的区分并不很透彻,但是不乏为一种有用的分类。

听觉信道传递有声语言,视觉信道传递文字信息、图像等。此外触觉也能传递一些信息,如抚摸、握手、亲吻等。

按照一定的社会规范来调节选择交际信道是人类交际活动中普通的现象。信道选择体系如图 1-3 所示,这一体系看起来复杂,但有条不紊,有规可循。在一般的情况下,六岁的正常儿童就能掌握这一体系。

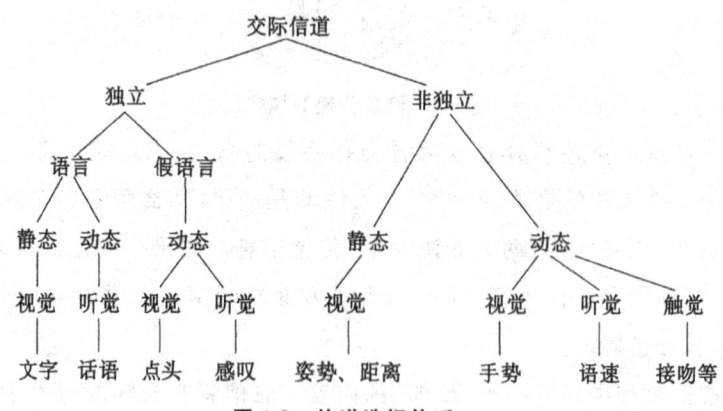

图 1-3　信道选择体系

各民族、各社会集团的文化习惯不同,反映在这一体系上所采取的手段也不同。有的在交际中偏重依赖独立的信道,有的倾向使用非独立的信道,有的偏重静态的,有的偏好动态的。中国人常用的是语言的、静态的信道,中国人说话大多正襟危坐,不会像英美人那样耸肩摊手。在不同的国家说话的方式大不相同,不加注意就会产生交际失误,如:

印度:不能用左手端吃的东西。

保加利亚:摇头表示同意,点头表示拒绝(大部分地区如此)。如主人请你喝茶,点头表示不要。

阿拉伯:喝酒喝够后必须举杯略加左右摇晃,或把手盖在杯子上,否则好客的主人会一次又一次地将酒斟满。

泰国:在贵宾面前坐,切不可将一条腿搁到另一条腿上,这是不礼貌之举。切不可抚摸成人的头。

其他国家也有类似规则,虽然与语言无关,但在交际中十分重要。一位美国商人与南美洲商人谈生意,因为他坐得太近使对方大动肝火,买卖告吹。手势也大有讲究,中国人招手叫人过来手心向下,美国人则手心向上用右手食指向上勾,中国人看了很不舒服,有的人还认为有侮辱的意思。

交际内容即通过各种信道传递的信息。可分为三大类:认知信息、特征信息和调节信息。

(1)认知信息。认知信息指语言实际传递的内容,即说话的意义,是传统语言学所研究的,往往称为语言的"所指"信息。

(2)特征信息。特征信息传达出说话人的心理状况、社会地位方面的信息,即说话人的个性、特征、爱好以及感情状况,使人了解到谈话者本人及对方的态度,在谈话中非常重要。对于充分理解话语有不可忽视的作用。例如,一个人说话语速很快,可能他的脾气很急躁。说话慢条斯理的人可能性格内向,或城府很深。这些印象不一定正确,但是人们总是产生类似的印象。

(3)调节信息。调节信息用于交流的开始、继续和结束。因为要顺利进行交流,双方必须掌握一定的空间位置,改变身姿体位,提供语言和非语言的信息,得到反馈,一步一步传递消息,直至结束。

第一类信息通常是说话者能注意到的,是言语准备的一个重要部分。另两类信息是不知不觉的,通常说话者本人未必能意识到,但听话人却能明确地感知这三种信息。听话者应取什么态度,充当什么角色,主要取决于后两种信息。

交际的信道和交际的内容之间有一定的联系。图 1-4 反映出了这种联系。

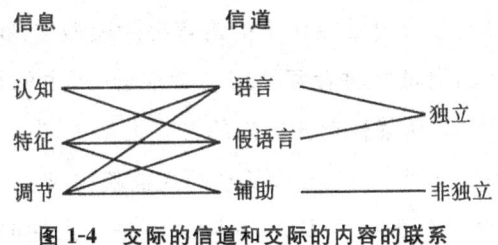

图 1-4 交际的信道和交际的内容的联系

认知信息主要靠语言手段表达,特征信息可由三种信道传递,保持交流通常用辅助语言信道,特别是头、眼睛的动作,因为语言信道已经满载。如果不是面对面的谈话就要用语言来调节。例如,两个人通过无线电对讲机说话时,一方说完后必须说"over"(完了),另一方知道,该他说话了。

第二节　语言与社会

　　上节所介绍的有关交际的理论和概念严格来讲并不是社会语言学的内容，但是对于进一步学习社会语言学是很有用的基础知识。尽管如此，有的社会语言学家对于上述交际理论还提出了批评。他们所批评的最重要的一点就是上述关于语言交际的描写中缺乏语言的社会变异的内容，是一个过于简单化的交际模型。此外，在下一章中，我们将谈到交际的环境的重要性，以及意义怎样由交际双方在相互作用中产生出来。这些，也都被上述模型所忽略。但是，通信理论的语言交际的模型与社会语言学并不是不相容的。反之，社会语言学的交际理论完全可以建筑在通信理论的交际模型的基础之上。我们将这一模型包括在本书中的目的，是因为它可以作为进一步讨论社会语言变异的预备知识。申农的信息发射和接收以及噪声干扰的模型概括了包括语言交际在内的通信过程的基本要素。社会语言学所研究的语言实际使用的种种复杂情况，从某种意义上来说，也都可以归结到信息或噪声的范畴。社会语言学的研究也可以说是把这种高度抽象化了的通信过程与错综复杂的现实世界的语言交际现象联系起来的一个过程。下文中我们就进一步将社会因素带入交际过程的模型，使其更加具体和充实。

　　即使是在上述所谓高度抽象化了的语言交际模型中，我们也可以看到，交际是由信息发出者和信息接收者两个行动者来进行，也就是我们通常所说的"说话人"和"听话人"。从某种十分抽象的含义上来说，"社会"可以定义为"任何人群构成的组织"，这两个参加交际活动的人群就构成了一个小小的"社会"。所以，就交际活动的抽象的模型来看，交际也不是个人性的活动，一般总要有"社会"的内容包括在内。当然，真正的社会和现实社会中的交际要复杂得多，上文中所提到的参与交际的人的交际语库之间存在着各种各样的差异。由于交际语库不相同所造成的干扰是现实世界语言交际中一个不可祛除的噪声部分。研究语言的人如果忽略了申农模型中的噪声部分来强调语言的通信功能就会犯片面性和脱离实际的错误。

　　有的语言学家曾经强调研究个人的语言，或者强调语言是个人的心理过程的观点。从某种理论角度来看，交际的信息发出者和接收者可以是同一个人。

现实生活中我们也观察到有人自言自语的现象。这毕竟是一种非典型的语言交际现象。有声语言本身就是适应人与人之间的交际而产生的。如果只是为了个人独自交际,大可不必借助声音,人体内部的神经、肌肉等协调系统都是高效率的内部通信系统。在讨论语言与思维的关系时,一种观点认为"语言是思维的物质外壳"。人们在思维时确实经常用到语言,用语言思维的过程也被描述为个人自我交际的过程。虽然基本同意上述观点,我们也要特别指出它不能用来作为语言可以脱离社会存在的论据。首先,思维作为一种精神活动需要有某种物质的依托和体现。其次,有声语言,无论是在它物理地表现为声波时,还是存在于人的记忆中作为意义的标志符号时,也确实具有表现人的思维的功能。但是,人的思维并不一定要借助自然语言来进行。思维可以通过视觉形象和非语言的其他符号系统来进行。人类选择了语言来作为一种思维工具这一事实是与人类生活的社会化性质相联系的,既然人要借助有声语言来进行社会交际,自然也可以顺便用它来进行思维了。此外,许多抽象概念所依托的语义系统本身就是社会观念的体现。例如,"自由""民主""幸福"等观念在不同的社会中具有不同的理解。

用语言作为思维工具有它的方便之处,也同时受到它的局限。一种自然语言,汉语、英语、阿拉伯语等,总是一个民族的历史和文化的产物。它的语义系统是通过该民族千百年间的生活经验和交际实践逐渐形成的。它适应使用该语言的民族的交际需要,也受到该民族的生活经验和世界观的局限。由于语言的语义系统之间的差别,讲不同语言的人在认识不同的事物时既能得到本族语的语义系统提供的便利也可能会受到它的限制。这就是所谓的"语言相对论",又称作萨丕尔-沃尔夫假说,是一种强调语言与世界观的联系的理论。现在推崇极端观点的"语言相对论"的人已经寥寥无几了。很少有人在大肆宣扬语言决定世界观的观点了。但是许多人还是认为语言在形成世界观的过程中有很大的影响作用。语言之间是可以互相翻译的。此外,人可以学会一种新的语言,人也可以改变他的世界观,这两种过程可以联系在一起,但也不一定联系在一起。这一切说明,尽管思维和语言联系十分紧密,但二者并不等同。二者之间的一个重要差别就是思维可以是个人的,而语言必定是社会的。脱离社会的人仍然需要思维,脱离社会的人就不再需要语言。语言之所以成为语言就是因为它在社会交际中起作用。例如,一个讲汉语的人至少要有另一个讲汉语的人听懂他讲的话才可以证实他是在讲汉语。

语言传递过程中的物理噪声干扰,语言结构系统不同而造成的"系统噪声"干扰,多重信道、非语言信道所传递的信息的辅助或干扰等,在叙述这些内容的时候,我们还没有强调社会因素所带来的复杂性。当代社会语言学家苏珊·罗曼指出,不仅语言离不开社会,社会也离不开语言。没有共同语言的社会也很难想象是怎样运作的。语言学家乔姆斯基指出通过研究语言可以进一步了解人的思维,因此语言学是心理学和生物学的一部分。但是,无论是人的思维,或是人的语言,都是不能脱离社会而存在和发展的。所以,对语言的研究,不仅仅如乔姆斯基所说,能帮助我们了解作为生物现象的人,而且可以帮助我们了解作为"社会动物"的人,即人的社会性,人的思维和语言系统的社会基础,以及语言在人类社会中的组织作用。

人类具有语言的历史虽然短于人类自身的历史,但也已经相当久远,有关专家的估计从数万年到数十万年不等。但是对语言的科学研究还十分短浅。一般认为,现代语言学开创于 20 世纪。强调将对语言的探讨作为科学性研究来进行的观点只在近几十年才逐渐流行开来。语言是人类最基本的交际工具的观点是广泛接受的。但是从理论到实践中人们有时会忘记,自然语言,像自然界中自然存在的许多事物一样,具有粗糙和不完美的特点。语言,作为人类社会进化的结果的一部分,尽管基本上能够担负维系人类社会的功能,但已经不足以满足人所需要的全部通信要求。在现代社会里,各种各样非语言的通信设施比比皆是,成为生活中不可或缺的一部分。对于语言的传布形式,由于载体技术的发展,从书面文字到电话电视、电脑网络、多媒体通信等,也迅速改变了语言的使用方式。人类的自然语言,作为一种自然进化的结果,基本上还是一种最适于进行口耳相传、面对面交流的通信工具。但是,物质文明和人类经济社会的发展,使对通信的要求越来越高。面对着这种情景,人们越来越认识到理想中交流的准确性和效率与现实中的交际活动的差距,但仍然会沿用落伍的交际方式而酿成错误。

根据有关报道显示,1982~1991 年全世界的恶性航空事故中的 11% 是由于机师和机场指挥人员之间的通信误差而造成的。1993 年发生在中国乌鲁木齐的一次恶性航空事故,虽然不属于地空通信误差,但也与机师对英语的错误理解有关。人命关天,关系到公共安全的航空通信为什么这么不可靠?由于在民航通信中普遍使用英语作为地面和机上人员的联络语言,而许多使用英语进行这种联系的人的英语程度不够,所以造成了一系列的偏差和误会。第二次世界大战以后,国际航空事业蓬勃发展,国际民航组织(ICAO)建议采用英语作为国际间的民航通信语言,该建议被广泛地接受了。英语作为国际上最为广泛使用的语言,也是最为广泛地学习的外语,自然是国际间通信用语的最佳选择。但是使用英语的各国航空人员的英语程度参差不齐,大部分都达不到满意的程度,所以才造成了严重的后果。

从积极的方面来看,绝大部分的应用自然语言的航空通信还是有效的,特别是在使用同一种语言的本族讲话人之间,尤其是讲同一种方言的人之间,这种通信一般是可靠的。基于这样的道理,日本航空公司在飞入美国境内时往往换上一个美国机师来和地面进行联络。一个浅显的道理就是,人们的生活经验和语言经验越是相近,彼此之间就越能沟通,通信的效率就越高。同一个民族的人,或生活在同一个文化区域里的人,往往有着类似的生活经验,这就是人类语言在现代体现为民族语和方言的基础。

从另一个角度来看,没有一个人和另外一个人的生活经验完全相同,他们学习使用语言的经历也会不同,这就导致了每一个人对即便是同一种语言的掌握都会有所不同,对这种语言的某些具体的语音、语法、词汇形式都有某些不尽相同的理解和用法。即使是生活在同一个社会里,人们所处的地位也不同。某些人活动的场合、经常接触的人总会跟一些人比较相同,而和另外一些人比较不同,这就又造成了讲同一种语言或方言的人群之中还有社会群体间的差异的情况。从本书的后面的章节中我们还会进一步了解到,几乎社会上的各种千差万别的不同和相同都可能反映到语言中来。

问题的实质是自然语言从本质上来说就是变异性的。使用自然语言的交际一般是不精确的。被使用的语言形式的准确含义往往是从具体的语言环境中获得的,对于语言信息的理解往往需要相当程度的非语言的文化背景以及足够类似的交际经验。

自然语言的变异性和它的不精确性(或称模糊性)使它易学易用,可以灵活地运用到人类所可能遇到的千变万化的交际环境中。而且在自然语言的基础上,人们还发展出各种各样的形式语言,以补偿自然语言的不精确性,来适用于各种特殊的交际用途。实际上,国际民航用语中的每一个英语词组都有一个规定的准确定义,在这种意义上来说,航空通信用的英语不是一种自然语言,而是一种形式语言。尽管至今还没有一个国际航空英语的发音标准,加强航空人员的专业英语的训练还是可以大大改善航空通信的效果的。现在产生的许多问题都是通信人员将航空通信专用英语混同于普通英语,使用语义未经明确规定的词语,或错误地使用专用术语。也就是说,将自然语言混同于形式语言。这样他们就将自然语言的模糊性和对临时环境的依赖性(包括对交际对象及其文化背景的熟悉和了解等条件)带入了航空通信,因此造成了误会。

作为民航人员和任何使用专业英语的个人和组织,提高工作效率的一个重要方面就是将形式化的专业语言与充满变异的自然语言区别开来。作为语言学家,我们有责任帮助大家充分了解两者的不同。近年来,对自然语言的形式化的研究大大发展了。这对于语言是通信工具的认识是有帮助的,同时也促进了最终目的在于用机器处理语言的研究譬如计算语言学的发展。与此同时,忽视自然语言与形式语言的区别的趋向也出现了。对于计算语言学的成果的应用,就目前的发展情况看来,只有到现实世界的实际应用的时候才会感受到自然语言的变异性的掣肘。如果没有对语言的变异性和语言的社会交际的过程的科学研究作基础,自然语言处理的应用总是事倍而功半的。

对于语言变异的研究,也是对于语言的本质的研究。要回答的问题是:为什么语言中充满了变异?充满变异的语言是怎样被用作通信工具的?从前面介绍的通信模型来看,参与交际两个个体的译码系统相同才能完成交际任务。但是,在现实世界中,每一个讲话人讲的每一个词就其语音的物理表现形式和它的语义的具体所指却都不是绝对相同的。这就产生了一个基本性的矛盾。

说语言的形式和意义都没有绝对的相同,这当然是一个十分带有哲学意味的命题,需要进一步的解释。就目前的语音实验仪器来说,完全相同的声波记录片段已很难找到。如果用更先进的仪器来探查更多的细枝末节的话,能发现的区别可以说是无止境的。从语义角度看,人类生活在不停地变化,自然界在不停地变化,每一个人,每一件事物,在另一瞬间都可以说是一个不同的事物,因为它的内部构成,它的环境以及它和环境的关系都会有所不同,而这些都是它作为一个意义范畴的构成部分。推而言之,一个词,即使我们用它来指现实世界中的同一事物,因为这一事物从哲学角度来说在另一瞬间也不再是同一事物了,那么,从这个词的所指来看,它的词义也就变化了。举个例子来说,你在办公室有时会用"桌子"这个词来指你的办公桌,在家里用"桌子"这个词的时候有可能是指你的饭桌。这都很容易理解,因为词的语义的抽象性,它可以是在不同的环境中指不同的事物。但是语言的使用价值最主要的还是它在具体环境中有具体的所指的功能。你在办公室请人帮你"搬桌子",听话人不但要具有"桌子"的抽象观念,而且还要能够在房间中的许多事物中辨认出你所要搬的桌子这一具体的事物,才可以充分了解你的意图,这时才可以说你讲的这句话作为一个交际行为是实现了。正是在每一次使用语言时的具体所指的意义上,我们说语言的意义没有绝对的相同。如果你昨天在家里讲话说"桌子"是指你那张饭桌,今天说"桌子"也还是指你那张饭桌,这样,这两次"桌子"这个词的使用该说是有同样的意义了吧?是,也不是。对于你来说,这两次"桌子"的所指是同一个事物,听你讲话的你家里的人也一般会理解为同一个事物。但是,那张饭桌今天和昨天都还是同一事物吗?严格地讲,也可能要算作不同的事物了。首先,它的物理构成至少从量的角度会有所不同,它的木分子可能会因为摩擦而丢掉了一些,空气湿度的变化可能使它多吸收了一些水分。它的使用寿命又短了一天。它的市场价值也可能因物价波动而增加了一些。它在房间中的相对位置可能会因为你搬动了座椅而改变了。从这样的角度来看,今天的这张桌子还是那张昨天由某一个不同的数量的木分子和水分子构成的,更新的但是按市场价格更便宜的,同时你又不得不从它旁边绕过去才能坐下来吃饭的同一张桌子吗?你当然可以说是。但是,这一事物从物理状态、使用功能、经济价值,与其他事物的相对关系方面来看都具有了不完全相同的性质。从这样的意义来看,这两次"桌子"的具体所指也有所不同了。指出这种所谓绝对的"不同",只是为了奠定一个讨论语言学上更有意义的"不同"的基础。假设在你家里听你讲话的人是一位客人,当你说"桌子"这个词的时候即使他也确实理解为你所指的那张房间里能看见的饭桌,这时这个桌子对他的意义,也就是"主观所指",也会与你的"主观所指"不大相同。也可能你说"请坐到桌子旁边"意思只是邀请客人坐到你日常吃饭的地方准备一起用餐。你的客人对你的话的理解可能基本相同,但是你所谓的"桌子"也可能在他的语义范畴里是一张"高级餐桌",往往会带出拥有这种桌子的人的经济地位的联想。假设你的客人是一位远方来客,在他的文化里没有坐到桌子旁边吃饭的习惯,他甚至可能对你的所指产生更加不可思议的联想,甚至产生确认你的所指的困难。

在语言的实际使用中,不仅语义上总会有差别,语言形式上的差别也是人们司空见惯的事情。同一个词,有的时候就需要发音清晰响亮,以表示认真或庄重,或者只是为了让对方听清楚。有的时候就可以发得含糊,甚至吞掉结尾的一些音。对同样的语义,可以用不同的词汇来表达,得体的选择既要考虑场合又要考虑对象。如下文中要讲到的,不同的人的语言特点又是他们的社会背景的标志。

上面大大强调了语言的具体表现都是不尽相同的观点。也就是说,语言中是不存在绝对相同的表现形式的。但是我们认为语言中是存在着相对相同的意义范畴和形式范畴的,只是因为存在着这些相对的同一性,语言交际才得以进行。只有交际双方对这些绝对不同的事物有了相对一致的"相同"的判断的时候,交际才能够进行。在前面的句子中我们特别使用了"相对一致"的词语,这是为了强调这种"相同判断"的相对性。这一相对性与一系列社会因素相关,人们的社会经历越一致,思想就越一致,对于事物(包括语言)相同与否的判断就会越发一致了,即使仍然不会是绝对相同的。社会语言学的中心任务就是研究哪些社会中的相同与不同造成了哪些语言中的相同和不同。换句话说,就是研究语言交际的社会相对性。

从上面讲到的内容看,由于社会的结构复杂性而造成了语言的各种不同和(相对)相同。而这些"不同"和"相同"语言现象对于交际的作用是不一样的。相同的是有利于交际的,不同的是不利于交际的。世界大同和世界"语言大同"的理想都久已有之。这里我们不去讨论这些理想的可实现性,因为至少从语言的角度我们已看到,所谓的"同"只能是相对的"同"。目前看来,相同到什么程度才可谓"同"还是一个没解决的问题。既然还没有"同"的标准,也就无从议论怎样实现这个标准了。如果语言(自然语言)只是用来传达所指信息,那么不同的语言形式用来表达相同的语义,自然是不方便交流的了。像上面所讲的航空专用术语那样,一个语义只有一种不容变更的表达形式是一种理想的高效率的信息交流方式。但是,我们知道,语言的作用不仅仅是用来传达所指信息,语言也同时被用来传达关于使用语言的人的社会关系的信息。从某种程度上来说,在传达这种关于讲话人和听话人的社会信息的时候,讲话人是在有意识或者无意识地建构某种社会关系,或者是在维持某种已确定的社会关系。人在讲话时,总是在实施某一种行为,或者是问候,或者是致谢,或者是质询,或者是提供信息等。从这样的角度看来,说话是人和人之间相互作用的社会行为。实际上说话人在使用语言形式表达社会关系时,说话就获得了更具体的社会意义。所以说,言语行为之所以是社会行为不仅仅是因为人们用语言在社会中"做事情",而且说话时所选择的语码本身就是一种维持或改变人与人之间关系的社会行为。

著名语言社会学专家费希曼曾经说过,语言是一个民族的灵魂的一部分。当一个人在使用一种语言时,他就是在表明他是这个民族的一分子。当双语人士在有选择的情况下采用他所掌握的一种语言时,就表明了他对该语言的态度,或者是他认为在这一确定的场合使用该语言是得体的,或者他认为使用该语言更能表达他的身份。在单语交际中,语言形式的各种变异也给讲话人提供了类似的条件。总之,语言的各种变异形式,并不一定是不利于交际的噪声干扰。反之,有时它所传达的关于说话人的身份和态度的信息会成为交际中的重要成分,甚至可能成为最主要的部分。总结本节的内容,语言与社会的关系主要体现在四个方面:

(1)语言的存在离不开社会。
(2)社会的构成需要语言。
(3)语言行为同时也是社会行为。
(4)语言交流的问题和对语言的态度都是可能产生严重社会后果的问题。

所以,研究语言与社会的关系的社会语言学是十分必要的。

第三节　社会语言学

一、社会语言学的定义

社会语言学相对来说还是一门年轻的学科。语言学家、社会学家从不同的角度来看待它,所以现有的社会语言学的定义往往不尽相同。下面我们举三个例子:

英国语言学家戴维·克利斯特尔在《语言学和语音学词典》中给"社会语言学"下的定义是:"语言学的分支之一,研究语言和社会的各种关系。社会语言学研究社会集团的语言同一性、社会对语言的态度、语言的标准与非标准形式,使用国语的方式和需要,语言的社会变体和社会层次,多语现象的社会基础等。社会语言学的另一个名称是语言社会学(着重从社会方面而不是从语言方面解释上述现象)。"

美国社会语言学家罗杰·夏伊曾经这样写道:"这一术语(指社会语言学)大约出现于20世纪60年代中期,指语言和社会领域中相互交叉的复杂的研究领域。一方面社会学家使用语言学的材料来描写和解释社会行为,这通常称为语言的社会学。另一方面语言学家则利用社会行为来解释语言的变异。也有人从比较实际的方面来理解社会语言学,这与教学中的社会方言和语言教学方面的问题有关。这三方面,即社会学的、语言学的和教育方面的研究都可算社会语言学,因为很难说哪一些人才有权利使用社会语言学这一术语。"

中国出版的《语言学百科词典》(上海辞书出版社1993年版)这样定义社会语言学:"运用语言学和社会学等学科的理论和方法,联系社会研究语言现象的一门新兴边缘学科,建立于20世纪60年代。主要研究语言的社会本质和差异。前者包括语言社会本质的特点和规律、语言内部规律和外部规律的相互关系和作用、民族语言和民族形成的关系、民族共同语的形成和社会发展的关系、语言演变和社会演变的关系等问题。后者包括语言的地域变体、社会变体、双语和多语现象、不同言语环境中的语言变体等问题,其目的是揭示社会结构变异和语言结构变异之间的系统对应关系及相互的因果关系。此外社会语言学研究还为一个国家或民族的标准语的确定或选择、文字的制定和改革、语言政策的制定、语言计划的拟定与实施、语言教学及其研究提供依据和指导。研究方法主要采用实地调查、数学分析、对比研究和实验定量定性分析。"

对比以上几个定义,可以发现,"中国"的定义比较强调社会语言学的交叉学科的性质,而西方的定义则区别社会语言学的两个不同的侧重面。前者似乎是说社会语言学不偏不倚地居于社会学和语言学中间,而后者则指出有偏重语言学的社会语言学,也有偏重社会学的社会语言学。但是,三个定义中罗列的社会语言学的研究对象则大部分相同,至少实质上都包括语言变体、语言变异、语言变化和语言的同一性等语言现象,国家和各种形式的社会集团对语言的使用和态度,以及对通过研究上述现象而得到的研究成果的应用等。

在讨论社会语言学的文献中常常会看到这样两个词:社会语言学和语言社会学。有的学者觉得它们是不同的。虽然两者研究的都是语言与社会之间的关系,但前者着重语言结构,探讨语言怎样在交际中发挥作用,后者则通过对语言的研究更好地了解社会结构。郝德森简明扼要地道出两者的区别:社会语言学是"联系社会研究语言"而语言社会学则是"联系语言研究社会"。但是他也认为,"两者的差别只是重点不同而已,看研究者对语言有兴趣还是对社会有兴趣,看他们擅长语言结构分析还是擅长社会结构分析。两者之间有很大一部分是重叠的,所以要将两者分得更加清楚并没有什么意思。"

二、社会语言学的产生和发展

社会语言学的产生有其深刻的内部原因和外部原因。内部原因是指语言学内部促使社会语言学产生的原因。外部原因是指社会历史的原因。

从语言学内部来说,社会语言学的产生是语言研究发展到一定阶段的必然结果。语言学这门学科自形成以来,一直重视语言结构系统地研究。从最早的语法研究到历史语言学和结构主义语言学,语言研究的对象一直是语言系统本身。虽然人们也早已经认识到研究语言必须与社会相联系,例如索绪尔早就提出需要区分内部语言学和外部语言学,但是他只强调对语言系统进行共时的研究,即对语言系统内部的研究。20世纪50年代更是结构主义语言学的鼎盛时期。20世纪60年代以后以乔姆斯基为代表的"(转换)生成语言学"逐渐成为语言学界中的主流学派。乔姆斯基区分了"语言能力"和"语言行为"。他指出:"语言学理论主要关心的是完全统一的言语社区内理想的说话者听话者,他们非常了解自己的语言,在实际言语行为中运用语言知识时并不受与语法无关的条件影响,如记忆力的限制、注意力分散、注意力及兴趣的转移等。我觉得这向来是现代普通语言学奠基人的立场,没有人提出什么有力的理由来改变这个立场。要研究实际的语言行为就必须考虑各种因素的相互作用,说话者听话者的深层能力只是其中的一个因素。在这一方面,语言研究和其他复杂现象的实验性研究没有什么不同。"

从上面乔姆斯基的话来看,语言学的对象是"理想的说话者听话者",语言学研究也应当是一种实验性的研究。他非常强调语言的共性和普遍性。

研究语言的共性是必要的。人类目前对于语言的普遍性和共性仍然认识不足。但是研究语言的共性并不应当排斥研究语言中的差别和变异。许多学者对只研究语言结构的共性和规则性的现象提出了质疑,认为语言的差异和多样性也应当受到重视,而且差异也不是无规可循,一团乱麻。差异中就有规律,而且是更加复杂的规律。英国语言学家郝德森在《社会语言学》一书中就批评了乔姆斯基的观点。他认为,没有一个语言是没有内部差异的,而社会语言学正是要研究语言中的差异。语言的共性研究和差异的研究应当是同一事物的两个方面,缺一不可。从这个意义上来说,社会语言学的产生是对语言学的一次冲击、一个新的提高。

促使社会语言学产生的外部原因是社会历史方面的。20世纪50～60年代,西方社会的失业人数不断增加,种族矛盾加深。在美国也是如此,黑人和其他少数民族的就业率比白人低。一些学者的解释是:因为黑人的文化水平低,所以就业率也低。进而指出,一方面,文化水平低是语言能力差引起的,因而要解决黑人和少数民族就业的问题必须提高他们的文化水平和解决他们的语言问题。因此,他们建议加强对黑人和少数民族的语言教育,实行双语教育计划。另一方面,现代社会中人口流动越来越频繁。人口的流动使语言问题更加复杂。现在,世界上已经很难再找得到一个单一语言的社会。各种语言在社会中应当占有什么样的地位,如何使各种语言协调来促进交际而不是增加矛盾或造成冲突,在现代化的社会中怎样使语言充分发挥功能,满足交际的需要,这些都是需要研究和解决的。

社会语言学这一术语在1952年就已经有人提出了。哈佛·库力在一篇论文中提道:"目前主要的任务是指出……言语因素的社会功能和社会意义提供了一个广阔的研究领域……这个领域就叫社会语言学。"这个术语真正开始流行还是在20世纪60年代。《韦氏第三版新国际英语词典》1971年补编收有该词。1972年印刷的《不列颠百科全书》在"语言学"条目下也有一小节专门讲到社会语言学。

第一次社会语言学的会议是于1964年在美国加州洛杉矶大学召开的。同年,美国印第安纳州立大学语言学院又召开了另一次社会语言学家的讨论会。因此可以说,1964年标志着一门新的学科开始有计划的传播,是语言研究的一个转折点。

1966年,布莱特将1964年社会语言学讨论会论文汇编成册出版。这便是最早的社会语言学论文集。这本论文集反映出当时社会语言学研究的七个方面:说话者的社会身份、与交际过程有关的听话者的身份、言语事件发生的社会环境、社会方言的历史和共时分析、说话者对言语行为形式的不同社会估价、语言变异的程度和社会语言学研究的实际应用。我们可以从这里看到当时社会语言学的研究范围。

1964 年以后,社会语言学就迅速发展起来。有人把社会语言学的产生和发展称为"知识革命"。从 1966 年起,美国的社会语言学家开始进行有计划的、综合性的大规模实证性研究,主要课题是黑人和少数民族的语言问题。到了 20 世纪 70 年代,对社会语言学的理论进行了总结。20 世纪 70 年代以后,应用方面的研究工作做得比较多,同时对提出的种种理论加以深入的研究和完善。20 世纪 80 年代以后,社会语言学就比较成熟了,形成了一系列的研究范式。

至今,社会语言学已积累了许多研究成果、提出了许多理论模式、解决了不少问题。社会语言学方面还有一些专门的杂志,如 International Journal of the Sociology of Language,Language in Society 都有了几十年历史。较新的社会语言学杂志有 Language Variation and Change,Journal of Sociolinguistics 等。许多以双语为专题的杂志也属于社会语言学的性质。此外,大部分在语言学界公认为影响较大的非专题性语言学杂志,如 Language:Journal of the Linguistic Society of America,The British Journal` of Linguistics 等,也常常发表社会语言学的文章。

中国的社会语言学在陈原等老一辈语言学家的带动下,于 20 世纪 80 年代末开始进入有组织的活动,以 1987 年语言应用研究所召开的社会语言学研讨会为重要标志。2002 年在北京语言文化大学召开的首届国际社会语言学研讨会标志着中国社会语言学研究的国际化发展阶段的开始,世界上第一代社会语言学家的约翰·甘柏兹教授应邀赴会做主题发言,吸引了大批海内外学者。在 2002 年北语国际研讨会的基础上,2003 年成立了中国社会语言学会,学会创办了国际刊物《中国社会语言学》。

三、社会语言学的对象

任何一门学科存在的一个必要条件是要对自己的研究对象有明确的界定。这个问题又和另一个问题相关,即要确定自身与其他学科的相对关系,明确本学科的研究目的、任务、前景、方法论与其他学科有何不同,从而确立自己的地位。

语言和社会有密切的联系这一事实长期以来已经为人们所认知。但是,社会语言学作为一门独立学科的历史还不太长。因此在讨论社会语言学的对象的时候常常有不少争论。比方说,对于社会语言学本身的地位问题就有不同看法。一种看法是"社会语言学"这个术语代表了多学科研究的一个领域,而不是一门独立的学科。海姆斯在20世纪70年代曾经多次表示过这种观点。他认为,社会语言学和人类语言学、心理语言学一样都是一个研究领域。他认为,"社会语言学"这个术语的出现并不等于新学科的产生,只说明从事这些研究的人类学家、社会学家、心理学家和语言学家都有一些共同的感兴趣的问题。他还认为,随着时间的推移,语言学家将完全承认语言学的对象中应有社会文化方面的研究,其他社会科学工作者也会承认他们所研究的内容和语言学有密切的联系,那时就不再需要"社会语言学"这个词了。

　　但是更多的人认为社会语言学是一门独立的学科,不过在此基础上还有一些不同的看法。一种叫社会语言学的弱要求,一种是强要求。前者把社会语言学看作语言学的一部分,就像语音学、词汇学、语法学和修辞学一样,是语言学的一个分支。后者则要求建立一门独立的学科,和语言学平行存在。

　　一种研究能否有自己的独立地位,能否成为一门独立的学科取决于它有没有自己明确的对象、有没有统一的理论和概念、有没有相应的研究方法。我们可以从这几个方面来看一看。以前的各个学派的语言学家也都在某种程度上注意到了语言的社会性以及社会因素对语言的影响。社会学家、人类学家和其他社会科学工作者也研究语言如何反映社会过程。但是他们的研究都没有走出本学科的范围。纵观五十多年来社会语言学的研究,我们可以看到社会语言学在语言学和社会学两门学科的基础上逐渐形成了特定的研究体系,包括对研究对象的界定、相对应的理论和研究方法。

　　那么社会语言学的对象是什么呢?20世纪60年代社会语言学刚产生的时候,其研究对象还不很明确。近年来,随着社会语言学研究的深入发展,研究对象越来越明确,相应的理论次第产生,在研究方法上也日趋成熟。归纳起来可以分为三个方面。第一是研究语言的变异,并且联系社会因素来探讨语言变异发生的原因和规律,常常用统计的方法和概率的模式来描写这变异现象。有人称为"微观社会语言学"。第二是研究社会中的语言问题,如双语、双方言、语言接触等,被称为"宏观社会语言学"。第三是研究人们怎样在实际环境中使用语言进行交际,以及不同的社会、社会群体使用语言的差别。这种研究被称为"言语人种志学"。不管人们给它们取什么名字,社会语言学的对象是语言和社会。或者是联系社会来研究语言问题,或者是联系语言来研究社会问题。这些都反映出一个事实:语言是一种社会现象这一观念在语言学界基本上得到认识。语言和社会有密切的关系,脱离社会来研究语言无法从根本上了解语言的本质,也无法解释许多语言现象。

一些社会语言学家用一种通俗的说法来说明社会语言学的研究对象,说社会语言学要研究的是"何人何地何时对何人说何种话,何种原因"。这一说法目前已经广泛地流传开来。

四、社会语言学与其他学科的关系

从社会语言学这个名称就可以看出它和社会学的关系是何等密切。社会学作为一门学科最早是由法国思想家孔德于1838年提出来的。孔德把整个社会的研究统称为社会学,因此当时社会学的领域很广。后来对社会现象的专门研究分别产生了各种社会科学,如政治学、法律学、教育学等。余下的问题成为现在社会学的对象。

社会学家涂尔干直接受到孔德的影响。他认为社会学要研究"社会事实",并区分出"个人的"和"社会的"两个方面。这对语言学家索绪尔有很大的影响。索绪尔在语言学中采用了"语言事实"这个词。他按照涂尔干的方法区分了语言中的两个方面,由此产生了语言和言语两个概念。这种区分事实上为社会语言学奠定了基础。语言是语言的结构体系部分,言语是使用部分。现在所说的社会语言学既同语言有关也同言语有关。社会语言学将两者结合起来了。

人类学对社会的描写采用功能的方法。英国文化人类学家马林诺斯基对人们在具体的社会中的行为表现做出了详细的描写。他认为语言交际是"社会过程的一部分,可以看成是独立的一部分"。后来语言学家弗斯又继承了他的观点,坚持把语言放到整个交际环境中去研究,提出了情景语境的概念。他认为语言的意义就是其在语境中的功能。他还认为语言学是一门社会科学,强调可验证性。他说:"在语言学中如同在其他社会科学中,我们的出发点是人类在世界中的积极活动,我们正是要建立这种活动的理论……语言学把言语和语言看作是与生活联系的,因而与生活的'意义'相联系。"社会语言学正是从交际功能的观点出发来研究语言，因此可以说人类学的功能原理为社会语言学奠定了基础。

吕叔湘先生曾经把社会语言学与历史语言学、结构主义语言学并列，称为语言学的第三次解放。这当然是对社会语言学在语言学领域中的作用给予的很高的评价。如上所述，有人认为社会语言学是与语言学平行的学科，但是现在大部分人还是认为它是隶属于语言学的。对于持后一种意见的人来说，社会语言学在语言学中的地位，或者是语言学的一个分支，或者是语言学的一个流派。

有些人认为，社会语言学作为语言学的一个流派，是与转换生成语言学相对立的。另外一些人认为，社会语言学与转换生成语言学没有什么关系。海姆斯认为，从语言的社会本质观点来看，乔姆斯基的模式"和结构语言学的模式没有什么不同。甚至可以说比结构主义还倒退一步，因为在研究言语社区的同一性时完全排除了说话者的各种作用，排除了修辞意义和社会意义"。社会语言学是在社会环境中研究语言、分析语言、发现其规律。所以海姆斯说"如果那么狭隘的语言理论不推翻，那么很多的语言材料和语言问题就被排除在理论研究之外"。但是事实上社会语言学并没有完全抛弃生成语言学的所有概念和研究方法。海姆斯批评生成语言学排斥语言变异的分析和研究，但是他仍然借用了乔姆斯基的一个概念"语言能力"，在此基础上提出了"交际能力"的概念。在研究方法上，转换语言学对社会语言学也有影响。很多社会语言学家都采用转换语言学的分析模式。拉波夫在分析美国黑人英语变体时就采用了一些生成音系学的分析方法。在语言现象的描写方面，社会语言学也采用了转换生成语言学的形式表达法。拉波夫在描写美国黑人英语时使用的变项规则就是一个例子。不过这种影响不涉及社会语言学的根本的方法论的原则，只是在表达方法上的借用。任何科学都可借用其他科学中合理的研究方法。"变项规则"现在在社会语言学研究中已很少采用。利用变项规则而建立起来的"变项规则分析法"却得到了更大的发展。目前在使用这一方法时，已不一定要写出什么"规则"了。

社会语言学与方言学有着密切的关系。这里所说的方言是指地理方言。方言学是指传统地对地域方言的研究。方言学是语言学的一个分支，专门描述和分析方言在发音、词汇和语法方面的差别，研究不同的语言形式在地理上的分布情况。同时还研究方言之间的关系,探求方言之间的对应规律,看其在历史上是如何联系的。方言研究通过实地调查得到丰富的方言素材,系统地描写其语音、词汇和语法,并且将某一方言和其他方言做比较,并且进行语言史的研究,探讨方言的分化和发展过程。在方言学的研究中,语言和方言被看成是一个完整的结构体系。在理想的情况下,方言之间有明确的界限,是离散的。比较接近实际的情况是一条条的等言线描写的特定语言形式的分布状况。在收集语言材料时,一般找说某一方言的一两个发音人,请他们读词表,把他们的发音特征记录下来,作为对该方言的描写。

社会语言学的研究和方言学既有继承性,也有差异。从某种意义上来说,社会语言学也是一种方言学,因为它研究的也是方言变体,不过不是地理的变体,而是社会的变体,或称"社会方言"。但是在以下四个方面社会语言学和传统的方言学有差别:

(1)社会语言学不但研究社会变体,而且把语言的社会变体和社会因素联系起来,看它们之间有什么联系。

(2)社会语言学主要使用共时的研究方法,重点在于描写其现状,并整理出一定的规则。方言学除了描写以外还探求历史上的方言分化的联系。

(3)在选择语言调查对象时,社会语言学不局限于少数的典型的发音合作人,而用科学的抽样方法,使用概率统计方法。

(4)在社会语言学家看来,方言之间没有明显的界线,是一个连续体。一个方言到另一个方言是逐渐过渡的。此外,社会语言学还认为,划分方言的标准不应纯粹按语言的标准,也应当考虑政治社会因素,否则无法解释为什么有时两种结构差别很大的是方言,而结构上差别小的却是不同的语言。

从上面的分析来看,社会语言学是吸收方言学的研究成果,但对方言学的研究方法、任务做出了新的扩展。最近几年美国语言学界的新发展是,一方面方言地理学研究的对象已全面被社会语言学接管,并且增加了社会变异的内容;另一方面社会语言学的研究也普遍性地增加了语言的历史变化的内容。由于美国社会的高度城市化的发展,传统的以封闭性地方经济为基础的地域方言已经大部分消亡,适应该种语言状况的传统的方言学方法也普遍被放弃;美国的方言学可以说已经融入了社会语言学。

社会语言学和修辞学也有密切的关系。这两门学科的范围在很多方面是重叠的,但是还是有差别。修辞学从古代起曾被人们称为"说话艺术"的科学。在古代罗马就曾经有教授雄辩术的,目的就是要调动一切手段,包括语言的和非语言的手段(主要是语言的手段)来打动听众,说服听众。因此对于语言的研究着重在如何运用这些说服人的手段。

社会语言学和修辞学的共同点和差别表现在以下四个方面:

(1)两者都研究语言的变体。社会语言学研究社会变体,修辞学研究风格功能变体。不过社会语言学也研究风格的问题,研究在什么情况下说什么话最恰当,在这一方面它和修辞学一致。但是修辞学(传统的修辞学尤其如此)主要研究在语言体系中存在哪些手段可供选用,不考虑使用这些手段的环境。社会语言学研究语体变异着重解释,以客观中立的态度出现;修辞学是应用性研究,向语言使用者推荐某些语言手段。

(2)两者都注重篇章,即超出句子范围的语言片段。修辞学注重句子之间的关系,讲究布局谋篇,但较多地是从写作角度考虑。社会语言学则从语段、篇章中发现超句单位的规律,语段的连贯结构及其社会象征意义。

(3)修辞学较多研究书面形式,社会语言学既研究书面语言也研究口头语言,一般来说比其他学科更重视口头语言。

(4)社会语言学除了研究语言变体以外,还研究双语等较大的语言社会问题。修辞学则不包括这些内容。

第二章　语言与媒体语言

　　交流与沟通是人类社会的基本特征之一。人类交流与沟通的基本工具是语言。现代社会,信息资讯传播是最重要也是最广泛的社会活动,信息的交流与沟通也是人的最基本需求,各种媒体因此蓬勃发展。语言是媒体内容传播的主要介质与载体。离开语言,媒体的任何传播都将不可能完成。媒体语言因为肩负社会传播的重任,与社会生活语言相比,在社会功能、表达方式、应用传播等方面都呈现出自身的独特面貌和特点。

第一节　语言的发展

　　媒体语言是指在媒体中所运用的语言,也即媒体因其自身特质而在运用和呈现方面表现出来的具有自身特色的语言。研究现代媒体语言,首先应该理解和了解语言。语言的产生与发展是一种复杂的社会现象,是人类自身发展历史中最神秘、最有趣、最难以描述的事件之一。迄今我们对于语言及其产生与发展的了解是非常初步和浅显的。

一、语言的定义

　　对于语言的一般意义是易于理解的,人类说的话即是语言,如英语、汉语、法语等就是语言。但是仅仅把语言理解为我们人类所说的话,则既不全面,也不科学。什么是语言?这一问题貌似简单,其实却极为复杂。如何定义语言,是语言研究中的重要课题之一。千百年来特别是近代以来,许多语言学家以不同的语言观,从不同的角度,运用不同的理论和方法,对语言进行研究和定义,出现了许多不同的说法和表述。潘文国在《语言的定义》一文中,搜集了从19世纪初叶到2001年,160多年时间里一些权威大师、权威工具书和部分著名语言学家对于语言的定义和一些代表性的观点,共有68条。于有全在《"语言"定义的重新定位》一文中,"在潘文国先生的基础上,爬梳剔抉,广罗典例,整理出自19世纪初叶至今百余年间中外有关'语言'的比较有代表性的定义一百二十余种……这些有关语言的定义大体涉及了语言工具说、符号说、本能说、世界观说、社会现象说、存在说、行为方式说,以及表述说、表达说、词语规则说、系统说、活动说、信息说等十几种说法。"潘文国将众多的关于语言的定义分为四类:第一类强调语言的自然属性,其代表是"自足系统说",代表人物是索绪尔;第二类强调语言的社会属性,其代表是"交际工具说",代表人物是斯大林;第三类强调人类自身的自然属性,强调用自然科学的方法去研究语言,其代表是"本能说",代表人物是乔姆斯基;第四类强调人类的历史文化属性,强调用人文科学的方法去研究语言,其代表是"世界观说",代表人物是洪堡特。

下列几类关于语言的定义是影响最为广泛和深远的:

(1)从语言社会功能给语言下定义,也即语言"交际工具说"。这方面最具代表性的定义语是斯大林在《马克思主义和语言学问题》中所给出的:"语言是工具、手段,人们利用它来互相交际,交流思想,达到相互了解。"其实,这一说法最早是法国启蒙主义思想家卢梭在他的《语言起源论》一书中提出的,列宁接受了卢梭的说法,列宁认为:"语言是人类最重要的交际工具。"斯大林的定义是对列宁定义的阐发和充实。这一关于语言的定义在一段时期内是社会主义国家对于语言的经典定义。这一定义清晰明确地描述了语言最主要的社会功能。但是这一定义显然存在缺陷:它没有对"语言"本身进行客观描述或定义,没有指出语言这一事物的本身特征,没有指明语言的本质属性,没有涉及语言本身的构造和性质,没有真正说明语言究竟是什么?同时,对于语言功能的描述也是单一和不全面的,用"交际功能"来涵盖语言的所有功能显然难以获得普遍认同,有人就提出语言还具有思维功能、贮存知识功能等。近年来,较多学者对语言工具说提出质疑,甚至有人提出了语言非工具论。

(2)从语言本身的构造给语言下定义,即认为语言是"以语音为物质外壳,由词汇和语法两部分组成的符号系统。"这一定义对语言本身进行了概括和描述,指明了语言构成的主要元素,简洁指明了语言本身的结构和特质。但这一定义没有阐明语言的功能和社会作用以及语言与人、语言与现实的关系,实际上也没有阐明语言这一事物的本质特征。

(3)从语言使用的角度给语言下定义。这方面的定义有很多,如叶斯帕森所说的:"语言是以传达思想和感情为目的的人类活动。"徐通锵在其所著《语言学是什么》中提出："语言是现实的编码体系。"这种致力于语言使用功能的研究，有助于我们了解语言作用于人类活动和现实的过程，有助于我们了解语言的某些特征，但仅从这种角度定义语言，其严谨性和科学性难以保证。

(4)采用综合的方法给语言下定义。这是当代语言学家做得最多的工作之一，大多数语言学家都希望通过自己的研究给语言下一个全面而科学的定义。这方面也确实取得了很多成果。重点研究汉语修辞学的王希杰教授曾给语言下过一个较为全面的定义："作为思维工具、交际工具、文化载体的语言，是一种自我调节功能的和非体系特征的、处在不断地从无序向有序运动过程之中的动态平衡的、多层次的音义相结合的复杂的符号体系。"2002年4月，杨自俭在他主编的《语言多学科研究与应用》中对语言下了这样的定义："语言是人类特有的天赋能力和习得机制；是一套语音符号系统和文字符号系统，逻辑符号系统和规则符号系统；是最重要的交际工具、思维工具和认知工具；是传承文化和信息的载体；是具有普遍性与多样性、有限性和无限性、任意性和理据性、稳定性与变异性、经济性与冗余性、开放性与封闭性、人文性与科学性、潜性与显性、精确性与模糊性、有序性与无序性等社会化的复杂的自组织系统。"这是我们所见到的最新的关于语言的定义。世界权威词典《韦氏新世界字典》对"语言"的释义是："①人类的言语；②通过言语交际的能力；③一套语音系统以及产生意义的语音组合系统，用来表达、交际思想感受；④上述系统的书面表示。"从上面我们抄录的有关语言的定义看，它们一个共同的显著缺陷是，太过繁杂，不大像是简明的科学定义，倒像说明文。

定义语言是一项严谨的科研工作。对一般大众而言，了解语言的一般特征和功能就可以了。因此，我们认为，《现代汉语词典》关于语言的释义是可以作为语言的定义的："人类特有的表达意思、交流思想的工具，由语音、词汇、语法构成一定的体系。语言有口语和书面形式。"

二、语言的发展

语言的发展是人类社会发展历程中最重要的内容。它的起源、演变、革新和发展是人类历史发展中最引人注目的事件和内容。语言的发展是社会进步的原因之一，同时也是社会进步的结果。

(一)语言的起源

人类语言起源问题,曾是18与19世纪初期学者们研究的主要课题,后来大家认为这是一个无从解答的问题而将之搁置下来。此后,由于人类对脑部发育过程了解更多,语言学研究领域发展到心智现象,语言起源的问题又再度出现。但因为研究语言起源的材料有限,真正复制语言的创造过程已不可能,时至今日,语言起源研究大多停留在推测、猜想阶段,实证研究存在很多争议。关于语言的起源有许多著名的理论,其中大部分只是一些假说和猜测。因此,可以说语言的起源仍然是世界之谜。关于语言起源的主要学说有"神授说""人创说"和"劳动创造说"。

"神授说"将语言看作神赐予人的一种能力,这种说法主要体现了宗教对于语言起源问题的关注。

"人创说"认为语言是人类自己创造的,其代表观点有很多。手势说认为手势语是有声语言的前期形式和起源。摹声说认为语言起源于人类对外界各种声音的模仿。社会契约说认为语言起源于人们的彼此约定。感叹说认为人类的有声语言是从抒发的各种叫喊声演变来的。本能说认为人天生能够选择最合适的语音形式来表达单个意义,语言就是在这一基础上产生的。

"劳动创造说"严格地说应该是"人创说"的一种,但其强调人类劳动在语言起源中的突出作用。这一说法由恩格斯在其著名的《劳动在从猿到人转变过程中的作用》一文中提出。这一学说认为人类的语言源自人类自身的劳动,劳动提出了产生语言的社会需要,为语言的产生提供了心理的、生理的、思维的和社会的条件。

上述关于语言起源的学说都存在显而易见的缺陷。"神授说"源自宗教信仰,没有提出科学依据,显然缺乏说服力。"人创说"大多强调一种因素在语言起源中的作用,主观思辨和猜测成分很重,缺乏科学依据和实例证明。"劳动创造说"虽然比较全面地论述了语言的起源,合理地提出了语言起源中的关键因素,符合社会发展一般规律,但对语言起源的具体过程和方式缺少充分论证和说明。因此,迄今为止,对于语言的起源还没有科学的理论和可靠的证据给出令人信服或接近真相的说明或描述,语言起源还是有待研究和解开的世界之谜。

有一点是可以肯定的,语言是人类自身发展的产物,它的起源、演变与发展都与人类社会实践活动相关,都与一定的历史、社会和文化环境密不可分。

(二)语言的发展

运用现代科学技术对人类自身的研究表明,从人类的脑容量、发音器官特征等方面看,在四五万年前,人类祖先就已经具备了产生和应用语言的能力。现代语言就是人类在四五万年的历史长河中不断创造、使用、规范、整理、更新和变革语言的结果。已经很难精确描述人类各种语言发展的具体过程了,但是其中一些带有普遍性的发展规律有助于我们加强对于语言甚至是人类社会发展的理解,因此语言的发展一直是语言学家研究的重要方面,是社会学研究中的重要内容。从每一种语言具体的发展过程看,语言必然经历从具体到抽象,从声音到文字,从复杂到简便、从简单到繁复、从庞杂到规范的过程。从语言总的发展趋势看,语言随着社会的发展而发展,因此,它随着社会的分化而分化,随着社会的统一而统一。世界语言的演变就是分化或统一的历史。需要指出的是,在社会的分化与统一的过程中,语言的演变始终对其发生着重要影响。

1. 从具体到抽象

语言的产生是人类自身实践活动的需要。具体名词词汇应该是人类早期语言中的最重要内容。比如用"妈妈"指代母亲,以"爸爸"指代父亲。人、口、手、足、日、月、风、雨这些具体名词词汇在时间上应该先于其他词汇而产生。当然,据猜测,人类的最初语言应该是表达情感的声音,如哭声、笑声、惊叫声等,因此,有一种说法是,人类最先有的词汇应该是叹词。但是从语言发展的重要性看,音义完整的最初词汇应该是表达具体事物的名词。然后才有表达人类具体行为的"走、跑、跳"等动词,在此基础上,数词、抽象名词、形容词、副词等相继产生。这其中,各种词汇的产生与发展相互影响,使人类的语言日益丰富。语言的这种从具体到抽象的发展过程,与人类智力和文化的发展密切相关。

2. 从声音到文字

现在一般认为,人类的语言是先有口语,然后才产生与之对应的书面语言。从整体上看,人类语言发展从声音到文字是其基本轨迹。人类使用语言的历史远比使用文字的历史久远。在文字产生之前,人类长期用口语交流。口语交流是人类发展的早期阶段人际交流的最主要形式。但人的口语一瞬即逝,既不能保存,也无法传递到较远的地方,单靠人的大脑记忆也不能保存久远。随着社会的发展,必然产生记录人类社会发展成果(代际交流,也即纵向交流)和书面交流(人际交流,也即横向交流)这两种迫切的社会需求,于是,产生了原始的记事方法"结绳记事"和"契刻记事",这种表意形式是文字的孕育阶段。为了在更大范围内共享人类发展成果,也为了完整传承人类智慧和精神财富,文字和书面语言必然在口语发展的基础上随着社会的发展而产生发展起来。在我们看来,文字起源于人类对口语的记录与传承。人类的所有文字都始于象形,丰富于会意,规范于注音。最早的文字是图形文字,后来有些文字逐渐变成音节符号和指意符号。比如现在大家都认识的英语字母也是由象形而来。文字和书面语言是人类语言的物化存在,是口语的记录。需要指出的是,口语与文字和书面语言的关系,在整个人类语言的发展中呈现非常复杂的面貌,很多时候它们相互关联,相互促进,互为一体。特别是汉字,它与语音没有直接关系。这导致了汉语的口书分离现象,在中国很长一段历史时期内,大众口语与书面语言(文言文)完全分离,它们虽有联系,却是两套系统,并在很长的一段历史时期内双轨并行。这种口书分离的语言模式是特定历史条件下的产物,最终当然还是要走向口书统一。

3. 从复杂到简便

一般认为,由繁而简是文字发展的基本脉络。比如汉字的发展历程就是如此。汉字源于图画,由原始的图画演变而成,经历了6 000多年的变化,经历了从甲骨文到金文,到小篆,到隶书,到楷书,到行书的发展过程。这一过程从整体趋势上看就是不断从复杂到简便的过程。人类主要的文字有两种:表意文字和表音文字,也即象形文字和拼音(字母)文字。其实字母文字的字母也经历了从象形到会意、再到注音的过程,这一过程也是由繁而简的过程。象形文字最初的笔画一般都是比较复杂的,以后笔画不断简省,这是文字由繁而简的一层含义。另一层含义是,起初单个文字常常表达多重含义,然后从多重含义中分化出新的文字,单个文字表达的意义就更加明确单一。

4. 从简单到丰富

语言发展的总体趋势是由简到丰,这与人类社会生活的进化与发展密切相关,人类由最初的狩猎,到农耕生产,到工业发展,到科技进步,人类的活动领域和范围不断扩大,实践活动不断丰富,人类的思想也由浅而深,语言的发展必然要适应这一过程。文化的发展更使语言日益丰富多彩。这一动态过程将不会停止,人类的社会实践活动不停止,语言的发展就不会走到尽头。语言的不断丰富和发展是一个永恒的过程。

5. 从庞杂到规范

虽然中国有"仓颉造字"的传说,但科学的考证已经说明,世界上的大多数语言及其文字都不太可能是个人智力劳动的成果。大多数语言和文字都是劳动人民在社会实践中创造的,那是一个漫长的过程,其中凝结着全体劳动人民的智慧,这必然导致语言的发展过程是一个复杂的过程。各种语言或同一种语言的各种社会方言和地域方言庞杂繁复,而随着社会的发展,地域或民族共同语的产生成为必要。因此,语言和文字发展都有一个从分散到统一,从庞杂到规范的过程。社会的分化引起语言的分化,而社会的统一引发各种方言向减少分歧、趋向一致的方向发展。语言发展大致沿着这样的方向前进:从某些方言到交际共同语、再到共同语的推广等几个阶段。这其中就包括对语言文字的读音、用词、语法、书写方式等各方面的规范与统一。汉语言在历史长河中就经历了典型地从庞杂到规范的过程。"从周代的'雅言'、汉代的'通语'到元代的'天下通语',再到后来的'官话''国语'和今天的'普通话',从周秦的'书同文'、汉魏的刊刻石经、唐代的'正字学'到今天的汉字简化,从荀子的'循旧作新'规范观、传统的'匡谬正俗'规范观到今天的'动态优化'规范观,从历史上的历次语文变革到近百年来的语文运动史实,都说明语言文字规范化在我国有着悠久的历史和优良的传统。"汉语的规范化过程也是大多数语言必有的过程。

三、语言的特点

在以往的研究中,学者们从不同的角度总结了人类语言的多种属性或特点,比如符号性、任意性、线条性、系统性、不变性、可变性、传承性、交际性、二层性、创造性、移位性、结构性等。从语言本身的特征看,我们认为以下几点是其最基本的特点:

(一)任意性

任意性是指语言符号的形式与所表示的意义没有天然的联系,也就是说,语言符号的能指和所指之间是一种任意的连接关系。这就是世界上的语言之所以各式各样的原因之一。任意性是语言的最基本属性,主要表现为语素音义关系的任意性,即指声音和借助声音表达的意义之间没有必然联系,语言符号的音义联系是约定俗成的。比如汉语用"手(shǒu)"指代"人使用工具的上肢前端",而英语则用"a hand"指代人的同一肢体,读音和书写形式都完全不同,这是一种任意的连接。还有语言学家认为,"任意性还表现在语言单位组合的方式选择差异上,如汉语言单位组合手段主要依靠语序和虚词,而西方形态特征明显的语言则主要借助于复杂且规则严格的形态手段"。但也有语言学家认为,在句法层面上语言是非任意性的。应该理解的是,任意性并不是指语言音义关系的恒定状态,而仅指在不同的语言中两者建立联系的任意性。一旦两者之间建立起联系并被约定俗成后,音义之间的对应关系就不再是任意的,而通常是固定的了。此外,任意性不能延伸描述语言复合词的音义对应特征,因为任意性仅表现为语言最小音义单位——语素,也即单纯词音义建立联系时的特征,而以单纯词为基本单位构成的复合词的意义对应关系则通常是非任意性的,而是可以找到理据的。

(二)系统性

系统性是指语言中的各种单位相互间紧密联系,彼此依存,组成一个结构庞大、体系严密的系统。语言系统是由音位、语素、词、词组、句子等结构单位组成的一个层次体系。语言的各个构成要素之间的相互联系体现了语言符号的系统性,如语言的语音系统、词汇系统、语法系统之间都是相互联系,相互影响的;语言要素内部各个单位之间的相互联系也体现了语言符号的系统性,如语音系统中的音位与音位之间,词汇系统的词与词之间也都是相互联系,相互影响的。语言符号的单位之间存在两种基本关系:组合关系和聚合关系。组合关系是指两个同一性质的结构单位(例如音位与音位,词与词等),按照线性的顺序组合起来的关系。聚合关系是指在语言的组合结构的某一位置上能够互相替换的几个具有相同作用的符号之间的关系。每一个语言符号都同时处在组合关系和聚合关系之中。语言的系统性使语言能够满足人类复杂多样的交际需要和思维发展的需要。

(三)创造性

创造性是指语言可以用有限的手段实现无限的运用,即语言具有能产性和开放性。现代语言学奠基人、德国语言学家威廉·冯·洪堡特认为,语言"是一种创造活动"。语言的创造性特征主要是通过言语活动来具体体现的。人们可以利用语言产生新的意义,词语通过新的使用方法能表达新的意思,即我们可以通过组合基本语言单位,无止境地创造新词、新义、新的搭配方式、新的表现形式,并且能迅速被大多数使用同一种语言的人所理解。人类使用的语言只有20到80个音素,但我们可以用这些有限的音素组合出无限的单词、短语和句子。语言的创造性使得语言具有制造无穷长句的潜力,可以用无穷变化的形式来表示变化无穷的意义,这使得人类的语言表达永远呈现一种创造的姿态。语言活动和思维活动是一个统一的过程,重视语言的创造性可以有效促进人类思维的创新性。

(四)稳定性

稳定性主要指语言的音义关系、书面形式和结构规则在一个相当长的时期以及相应范围内保持相对稳定的状态。比如,在汉语中,如果我们今天用"人(rén)"来指代"由类人猿进化而成的能制造和使用工具进行劳动、并能运用语言进行交际的动物",那么,我们决不能在明天就用"猪(zhū)"来指代同一智慧动物,除非你在特定的语境或情境下骂人。我们用"思想家"来指代那些"研究思想、思维和思考模式并且形成思想体系的人",我们就不能再随意地用"想思家"或"家想思"指代同一人群。在任何一种语言中,在一个相当长的时期内,这种稳定的因素占绝大部分。也就是说,语言符号的音义关系和语言的结构关系一经社会约定进入交际后,对人们就具有强制性。这种强制性,加上使用范围的广泛使任意的变动成为不可能,这使语言的稳定性成为一种常态。但是,这并不是说语言是一成不变的。随着社会和社会生活的变化,语言也会发生变化。但是语言的发展变化形式,也从另一个方面说明语言的稳定性是语言的一个显著特点:它是渐变的。例如:汉语中的"眼"在口语中最终替换"目",就始于战国,完成于东汉,前后经历了数百年。再比如,汉字"兵"在中国古代专指武器,经过上千年的演变,到现代,则专指使用武器的人。当然,在语言的发展中也存在一种"突变"的现象,如现代汉语和古汉语,其变化就是一种突变的方式。但是这是一种在旧有语言形式基础上的突变,新有语言形式中承袭了绝大多数旧有语言形式的因子。汉语从繁体字变革为简体字,就是这种突变形式。这其实是语言稳定性的另一种表现形式。

四、语言的功能

语言在人类活动中发挥着重要作用。语言的具体功能我们大家都熟知,比如我们用语言来进行交流、聊天、思考、阅读、写作等。语言学家从不同的角度,以不同的理论,对语言的功能进行分析、研究、概括和分类,提出了一些不同的理论和说法。俄罗斯(后久居捷克斯洛伐克)语言学家罗曼·雅各布逊"定义了言语事件的六个关键因素,即:发话人、受话人、语境、信息、语码、接触。与此相关,雅各布逊在交际的六个关键因素之上建立了一套著名的语言功能框架,即:所指功能(传达信息)、诗学功能(享受语言自身乐趣)、情感功能(表达态度、感觉和情感)、意动功能(通过指令和恳求说服和影响他人)、寒暄功能(与他人建立交际)和元语言功能(弄清意图、词语和意义)。"系统功能语言学创始人、英国当代语言学家韩礼德,"通过儿童语言的发展提出了七类语言功能,分别是工具功能、控制功能、表达功能、交互功能、自指性功能、探索功能和想象功能。"现在也有人利用模因论的原理来研究和解释语言的功能。认为语言的作用就是传播模因。所谓模因是指"在诸如语言、观念、信仰、行为方式等的传递过程中与基因在生物进化过程中所起的作用相类似的那个东西"。对于语言功能的研究虽然说法很多,分类方法和专业术语也有差异,但对语言的基本功能,人们的认识是基本一致的。

语言的主要功能其实就是表达和思维。具体分析,语言具有社会文化方面的功能和心理方面的功能。社会文化功能主要有交际功能、文化录传功能和标志功能;心理功能主要有思维功能、认知功能、智力开发功能等。

(一)交际功能

语言是人类最重要的交际工具。交际功能是语言最重要的社会功能。所谓交际指的是人与人之间的往来接触,互相传递和交换信息的行为。人是社会的动物,不可能个体独自生存与发展。人类社会的存在与发展离不开社会团体和成员之间的相互沟通与交流,语言就成为人类须臾不可或缺的重要工具,语言本身也成为组成社会的一个不可缺少的重要因素。固然,人类相互交流的方式多种多样,比如:手势、动作、口哨、声响、图画、电报代码、烽火、符号、旗语、灯光等,都可以用来进行交流,但因其承载的信息量有限,呈现方式复杂、适用领域有限,都不能像语言那样能使人与人之间自由而丰富地进行交流与沟通。只有有了语言,生活在社会中的人才能相互准确无误而又丰富多彩地传递和交换信息,共同生存、生活、生产和发展。语言的内容表达可以没有穷尽,并且可以跨越时空。交际功能中,信息传递功能是最基本的功能。

(二)文化录传功能

语言的文化录传功能就是语言使文化传远达后的功能,主要是指语言使各民族文化同时代横向传播和前代文化纵向嗣继的功能。文化是指人类社会发展中所创造的一切物质产品和精神产品的精华和沉淀。语言是记录文化的载体。横向看,语言是同时代各民族文化的记录者和传播者,是相互交流沟通的主要载体;纵向看,语言使文化成为人类的永久记忆,真正在无数代人之间承袭共享的精神财富,是语言记忆和呈现的人类文化。在人类社会的发展中,文化最初的传播形式是以语音为载体的言语作品的传播。古代的行吟诗人、传教者、民间传唱者,他们云游天下,以口口相处的方式传播文化。流传至今的许多古代伟大史诗,如古希腊的《荷马史诗》、中国古代的《诗经》,最初都是口头文学作品,依靠乐师和民间艺人的背诵流传。语言的书面形式在文化录传方面的功能就更加强大,迄今为止,人类的一切精神成果都是依靠语言传播和保存的。同时,语言本身也是人类所拥有的最重要的一种文化,语言在本身的发展中,也烙上了深刻的文化印痕,其中承载着人类文化发展的大量信息,因此,有人把语言称为古代文化的"活化石",或把语言叫作社会生活的"全息坯"。

(三)标志功能

从某种意义上说,语言的标志功能就是语言的身份表达功能。语言种类是丰富多彩的,每个民族都有自己的语言,一个民族的不同地区有地域方言,一个民族的不同社团有社会方言。语言是一个民族、一个地区、一个社团的标志。而人们对于语言的使用更是千姿百态,群族传承、所受教育、社会阅历等,使我们每个人的语言都自觉或不自觉地标识了自身的民族、区域、年龄、文化、阶层等身份信息。"语言标明我们的身份:生理上是年龄、性别和声线;心理上是谈吐、个性和智力;地域上是口音和方言;伦理和社会上就是社会阶层、阶级、角色、团结和距离。"

(四)思维功能

语言与思维的关系极其复杂,对这一问题也一直存在一些争论,人们对此的认识确实还有待深化。但是,语言是人类思维最重要的工具之一,这是得到大多数语言学家认可的。现代科学研究表明,思维中的逻辑思维(抽象思维)主要依赖于语言。其他思维如技术思维(运动思维)、形象思维(艺术思维)虽然不主要依赖于语言,但语言对其有辅助作用。在人的逻辑思维中,语言的功能主要体现在两个方面:一是思维的过程是语言应用的过程。逻辑思维是运用概念、判断、推理等单位和方式进行的抽象思维,概念、判断、推理是由词语、句子乃至篇章构成的,逻辑思维过程中,语言是不可缺少的媒介,因此,逻辑思维所凭借的唯一工具就是语言。二是思维结果的呈现与表达工具主要是语言。我们当然也可以用音乐、舞蹈、绘画来表达我们思维的成果,但那种表达通常情况下是一种象征性的表达。直接表达逻辑思维结果的唯一工具是语言。

(五)认知功能

语言是人类必要的认知工具。思维能力和知识背景在认知活动中发挥着重要作用。语言是人类思维的重要工具,语言也是人类传播和保存知识的主要载体,因此,人们对于客观世界的认知就离不开语言。首先,语言影响人们对客观世界的认知,也就是说语言在一定程度上决定着人们的认知客观世界的方式。著名理论语言学家洪堡特曾说:"每一语言里都包含着一种独特的世界观。"不同民族的语言都包含有不同民族的文化特质,同时也包含有其认知世界的不同方式。"相同的现实在不同民族的主观认识中呈现不同的状态,其外在表现就是不同语言的结构差异。"一个著名的例子是,在一些不同的语言中,对于颜色的定义和表述是不一样的,这造成了他们观察世界和认识世界的差异。任何社会成员一般都会局限在一定的语言分类系统中去观察世界、认识世界,因此在认知方式上不可能不受语言的影响。其次,语言还影响人类认知结果的成型、呈现和传播。从某种意义上说,人类所获得的任何知识,也即人们认知世界的成果,都是人类思维和经验的产物,将知识存储起来,将思想物质化,并使其得到广泛传播,最方便的工具和媒介就是语言。

(六)智力开发功能

尽管对于语言与思维的关系还存在很多争议,但是语言对思维,尤其是思维发展的高级阶段有十分重要的影响与制约作用,对于人类的智力发展发挥着十分重要的作用,则是得到验证和公认的。语言本身是智力的产物,同时,对于语言的使用、丰富与发展本身也是促进人类智力发展的重要因素。有证据表明,人类的大脑及其有关的神经网络之所以能够成熟发展,语言在其中发挥了不可缺少的作用。此外,对于语言运用的训练,也是对智力的一种有效培养。语言对于人的逻辑思维能力的发展,对于人的记忆能力的提高,对于人类大脑神经机制的健全都产生了重要影响,有些影响甚至是决定性的。从某种意义上说,语言是人类智力的外在表现形式。

此外,从语言的心理方面看,语言还有心理调节功能、审美愉悦功能等。但从整体看,语言是人类交际和思维的工具,这句话是对语言功能的简洁而又精练的概括,指明了语言功能的核心内容。

五、世界语言概况

世界上有多少种语言?专家们和科研机构的说法相差悬殊。据统计,注册的语言有 6 000 多种,国际辅助语协会估计世界现在各种语言有 2 500 种至 3 500 种,德国 1979 年出版的《语言学及语言交际工具问题手册》提供的具体数字是 5 561 种,法国科学院推定为 2 796 种,人类学家通过民族研究给出的数字是 6 809 种。这些精确的统计数据的科学性存在争议。有人认为,语言并非总能数得清楚。语言的变体多不胜数,语言的复杂性有目共睹,语言的分类也是一件技术含量很高的工作,如同源语言的两种不同的运用,是将其归为一种语言,还是分为两类,常常难以定论,而且,几乎过一段时间,就会有濒危语言消失,因此,非常精确地说出现在世界上有多少种语言,是不可能的。尽管如此,世界上一共有 4 000~8 000 种语言,这是大多数专家都接受的一种概数。精确一点,语言学家们认为现今世界 70 多亿人口,200 多个国家和地区,2 500 多个民族,使用五六千种语言。截至 1997 年,世界最畅销书籍《圣经》的外语译本是 2 197 种,现有语种肯定比这个数字多。

专家们根据语言间的亲属关系,把语言分为语系,语系之下又按亲属关系的远近分为若干个语族,语族之下分为若干个语支,语支之下是语种。有人研究认为,世界十大语系按母语使用人口排列,依次是:印欧语系、汉藏语系、尼日尔—刚果语系、亚非语系(闪含语系)、南岛语系、达罗毗荼语系(德拉维达语系)、阿尔泰语系、南亚语系、壮侗语系、乌拉尔语系。此外还有一些语系,如高加索语系、非洲的沙里—尼罗语系、科依散语系,美洲的爱斯基摩—阿留申语系以及一些印第安语系,大洋洲的马来—波利尼西亚语系和密克罗尼西亚语系等。另外,世界上有些语言,从谱系上看,不属于任何语系,如日语、朝鲜语等。

尽管语言如此众多,但真正被大多数人使用的语言却只是其中很少的一部分。全球97%的人使用的语言种类仅占全部语种的4%,也就是说,占全球人口3%的人说着全球96%的语种。有3 000种语言使用人口只有10 000人左右,这其中有1 500种语言不到1 000人会说。但另有300种语言的使用人口均在100万人以上,这300种语言的使用人口占全球人口的95%。其中使用人数超过1亿的语言有10种,总人数超过33亿,约占全球人口的55.35%。这10种语言分别为:汉语,使用人口11亿多,约占全球人口的18%以上。英语,使用人口4.56亿,但正在学习英语的人超过10亿,是当今世界最强势的语言,全球有75个国家将英语定为官方语言。印度语,主要在印度使用,使用人口接近5亿。西班牙语,使用人口3.62亿。俄罗斯语,使用人口2.93亿。阿拉伯语,使用人口2.8亿。孟加拉语,使用人口1.89亿。葡萄牙语,使用人口1.77亿。马来及印尼语,使用人口1.48亿。日语,使用人口1.2亿以上,是唯一的单民族语言。联合国正式批准使用的联合国工作语言有汉语、英语、法语、俄语、西班牙语和阿拉伯语,其中有5种属于世界十大语言,法语是唯一的例外。

世界语言的统一无疑对减少人际沟通障碍、加强各民族的交流、促进人类社会的进步有好处。但是,各种语言不仅具有自身的独特魅力,而且大多是本民族历史文化的记录,其中遗存大量人类文化的信息。大量语言的消失,将是人类文化难以挽回和弥补的损失。保护语言的多样性,抢救濒危语言,是我们人类面临而且是必须解决的重大问题。

六、关于汉语

汉语,又称中文、汉文,其他名称有国文、国语、华文、华语、唐文、中国语,还有唐话、中国话等俗称。现代标准汉语,即普通话,是指以北京话为标准音,以汉语北方方言为基础方言,以典范的现代白话文著作为语法规范的通行于中国大陆和香港、澳门、台湾以及海外华文社会的共通的交际口语与书面语。汉语的文字系统汉字是一种意音文字,表意的同时也具一定的表音功能。汉字有简体字和繁体字两种。古代书面汉语称为文言文,与口语区别较大。现代汉语方言众多,某些方言的口语之间差异较大,而书面语相对统一。

汉语是目前世界上使用人数最多的语言之一。据联合国教科文组织统计,会说汉语的人大约有16亿,占世界人口的五分之一,汉语使用广泛度居世界第二。汉语是联合国承认的六大工作语言之一。

与其他语言特别是与印欧语系的语言相比较,汉语具有以下特点:

(一)语音

(1)没有复辅音,汉语的音节由声母和韵母构成,声母在前,韵母在后,音节结构形式比较整齐,音节界线比较分明,易于分辨。

(2)元音占优势,汉语的一个音节可以没有声母,但不能没有韵母(声化韵除外)。元音在音节中占优势,听起来响亮悦耳。

(3)有声调,声调不仅有辨别词义的作用,而且声调的抑扬顿挫,使音节分明洪亮,具有独特的音乐美。

(二)词汇

(1)语素以单音节为基本形式。

(2)广泛运用词根复合法构成新词,造词方法可以是"词根+词根",也可以是"词根+词缀"或"词缀+词根""词缀+词根+词缀"。

(3)双音节词占优势,在现代汉语中,这一特点尤其明显,古汉语中的一些单音节词,在现代汉语中很多都发展成为双音节词,如目—眼睛,耳—耳朵,写—书写,跳—跳跃,美—美丽。

在语言使用中,还有一些多音节短语被简缩成双音节词,如科学技术—科技、医疗改革—医改、中国共产党—中共、中国人民解放军总参谋部—总参。当然,对于一些随意、不规范地使用简缩语的现象,专家们也提出了批评。

(三)语法

(1)形态变化很少,语序和虚词是表达语法意义的主要手段。在汉语中,同样的成分组合,语序有所不同往往会改变结构关系并改变意义。例如,工人—人工,后面的小孩—小孩的后面,好商量—商量好。同样的组合成分中,用不用虚词或用不同的虚词,会产生不同的意义。例如,爸爸妈妈—爸爸的妈妈,北京大学—北京的大学—北京和大学,我的母亲—我和母亲。

(2)词、短语和句子的结构原则基本一致,都由主谓、动宾、补充、偏正、联合五种基本语法结构关系来构成。

(3)词类和句法成分不是简单的对应关系。汉语的动词和形容词既能做谓语,也能做主宾语。做主宾语的时候,词性并没有改变。汉语里名词修饰名词十分自由,做状语的不限于副词,形容词经常用作状语。

(4)汉语的量词、语气词十分丰富。

(四)汉字

汉字是方块字,在形体上是由图形逐渐变为由笔画构成的方块形符号,是由象形文字(表形文字)逐渐演变成的兼表音义的意音文字,但总的体系仍属表意文字。汉字具有集形象、声音和字义三者于一体的特性。由于汉字字形和汉字意义具有一定的联系,使得汉字可以不依靠读音,而能理解其意义内容。对于古代的文献,尽管我们不知道那些字在当时怎么发音,但我们可以通过字形来了解字义,从而理解文献内容,具有较强的超时空性。

第二节 语言与媒体

媒体的基本功能是传播信息。信息交流是人类社会发展最重要的社会活动。古往今来,任何时代都产生和发展了与那个时代的经济技术发展水平相适应的信息传播工具,如文告、书信、报刊、书籍、广播、电视等。这些信息传播工具千差万别,功能各异,但它们都有一个共同的核心要素:语言。现代媒体如报刊、广播、电影、电视、网络也都是以语言(文字)作为最重要的信息载体的。语言的发展促进媒体的发展,语言的文明程度,一定意义上体现着媒体的文明程度。同时,媒体在传播信息的同时,也传播语言。因为媒体在社会传播中处于主导地位,因此媒体的语言传播成为语言发展与演变的重要因素。

一、语言是媒体的主要工具和载体

媒体，或称"媒体"或"媒介"，指传播信息资讯的载体，即信息传播过程中从传播者到接受者之间携带和传递信息的一切形式的物质工具。传播形式或管道有纸质类（报纸、杂志）、有声类（广播电台）、影像类（电视、电影）、网络类（互联网及各类接收终端）。1943年美国图书馆协会的《战后公共图书馆的准则》一书中首次使用其作为术语，现在已成为各种传播工具的总称。

语言是媒体的主要工具，是其传播信息的主要载体。语言是媒体之基，是信息之魂。媒体从产生的那一天起就与语言紧密相连。"迄今为止，人类传播活动和传播媒介的变迁经历了原始传播、语言传播、文字传播、印刷传播、电子传播和网络传播六个主要发展阶段。语言的形成和使用可以说是人类传播史上的第一次革命。""除运用手势、肢体语言、烽火、号角声等进行的最原始的传播之外，人类真正文明阶段的传播，都与语言紧密相关。无论媒介形式如何进化与发展，语言都是媒体须臾不可缺失的重要工具、介质、载体、基本手段和呈现方式。没有文字的报刊是信息量为零的白纸，没有声音的广播无从传播有价值的大众信息，即使是以影像画面为主体的电影电视等现代媒体，离开语言也不能实现真正有效率的信息传播。据专家估计，语言负载着人类信息量的80%。可以说，任何现代传播媒介的传播行为都离不开语言。

语言呈现媒体品质。媒体是一种语言职业，其应用语言水平的高低直接影响媒体本身的质量与威望，关乎媒体自身的影响力。一张错字连篇、语焉不详的报纸是不会受到受众欢迎的，一个语言低俗、结结巴巴的广播节目也只能遭到听众的唾弃。从某种意义上说，语言就像是媒体的衣着，决定着媒体的外在形象。事实上，广大受众也常常以语言应用水平的高低来判断一家媒体的品质。一个显而易见的事实能够比较直观地说明这种现象。在我国，人们在很长一段时间内，常以播音员、主持人普通话水平的高低来判断一家广播电视媒体是中央级媒体，还是省级媒体，抑或是地市级媒体。这种判断也是有效的。由于在一个时期内，我国高水平的播音、主持人员较为稀缺，只能按水平高低来递次分布播音、主持人才，最优秀的播音员、主持人大都集中在中央级广播电视媒体，省级和地市级广播电视媒体获得优秀播音、主持人才的机会相对较少，这就造成了各级广播电视媒体在品质上的差异，而且这种差异是在广播电视媒体的呈现环节表现出来,这使各级广播电视媒体的影响力产生了较大的差距。经过几十年的发展,这种状况已经改变,由于高水平的播音员、主持人已不再是稀缺资源,仅以播音主持水平的高低、或仅以传播层级来判断广播电视媒体的品质,已经不是一种很有效的判断标准。现在在我国省一级广播电视媒体活跃着一大批全国最优秀的播音员、主持人。省级广播电视媒体在呈现方式上与中央级广播电视媒体的水平已经不相上下。做到这一点的重要因素就是我国整体的播音、主持队伍的素质有了较大幅度的提高。

语言决定传播效果。任何有价值的信息或思想,都需要通过语言来传播。语言应用在有效传播中发挥着至关重要的作用。语言的应用水平直接关系到传播效果。高品质的媒体必须具有高水平的语言应用能力。事实上,没有高水平的语言应用,也就无法有效传播信息和思想,媒体自身的影响力就会大打折扣。传播学中的语言应用就是要力求克服在信息传播中语言对受众接收信息所造成的负面影响,使传播效果达到最佳的状态。媒体传播信息的基础性工作就是对采集到的信息进行语言加工,使其能够以最经济的方式被受众接收、理解和接受。信息的有效传播,其实质就是媒体通过语言信息单位引导和强化受众对于不知晓事物的了解和认识。显然,在这一过程中,语言应用是传播效果的决定因素,因此,语言应用必须排除一切可能的干扰因素,实现最有效的传播。规范的语言应用,健康的语言风格,与时俱进的语言创新,符合媒体特色的语言呈现,都是强化媒体传播效果的重要语言因素。无论是报刊文字还是广播电视媒体的有声语言,实现有质量的传播,必须在语言运用方面成为社会楷模、时代标杆。

二、媒体语言

媒体语言,从广义上说,主要是指各类媒体传播信息的符号系统,包括语言、文字、副语言、体态语、相关图表、字母、音响等。从狭义上说,媒体语言主要是指报刊、广播、电视和网络使用的有声语言和文字。对于狭义上的媒体语言是否构成独立的语言体系,学术界存在一些争议。有人认为不存在独立的媒体语言,认为"有媒体的存在,有语言的存在,有它们之间的关系,但很难说有一个独立的媒体语言存在"。有人认为,不存在独立的媒体语言,但媒体的语言运用是一种十分重要的语言现象。当然,传播业界及大多数研究传播语言的学者认为,存在具有自身独特规律和完整系统的媒体语言。我们认为,在信息时代,在媒体业飞速发展的时代,从媒体研究的角度和语言研究的角度出发,将媒体语言作为重要的、独立的研究对象是有益的,它有助于我们系统地研究当代众多的媒体现象和语言现象,并实质性地推动相关社会实践,促进社会文明进步。

三、媒体语言的社会影响力

媒体在传播信息的同时,也在向大众传播语言。媒体的语言影响力,指的是传播媒体对社会语言发展发挥作用的大小。在现代社会,媒体的语言影响力十分巨大。媒体语言实际上是一种运用最为广泛的社会语言,媒体的语言应用反映社会整体的语言应用水平,展示整个社会的语言文明程度;媒体语言的应用使优势语言的传播大大加快,能在很大范围内影响社会成员的语言应用习惯,大大促进语言的统一和规范使用;媒体语言天然地充盈语言的当代因素,引领着语言的发展方向。媒体语言的影响力与媒体本身的权威性和影响力成正比。

(一)媒体语言具有广泛的传播性

媒体面向社会大众,时时刻刻需要通过语言向大众传播信息,媒体的产生与发展,使"以媒体为主导、以教育为基础"的语言"现代传播方式"成为社会常态,媒体语言极大地扩充了语言的传播半径,加快了语言的传播速度。在我国,普通话是国家法定语言。但我国幅员辽阔,人口众多,各地方言复杂,一段时间内推广普通话困难重重。20世纪80年代以来,我国广播电视媒体迅猛发展,语言传播地域扩大,速度加快,广播电视语言传播成为强势社会语言环境,普通话以不可阻挡之势,迅速得到普及,在大多数公共场合普通话成为唯一通用的语言。媒体语言还丰富了语言传播的内容,使语言生活空前活跃,生机盎然,长久地处于一种积极的、动态的演进过程中。一个新的词汇、一种新的语言表达方式、一种新的语言现象常常可以在较短的时间内传遍全国,并迅速约定俗成,成为被大众普遍接受的语言用法和规范。《现代汉语词典》第六版就收录了3 000多条新词语,其中很大一部分就是被大多数传播媒体频繁使用并广泛传播的新词酷语。这些新词酷语,一般是在特定的社会生活环境中或网络上被人首创和使用,接着通过媒体的传播迅速被大众了解、接受和使用,最后成为约定俗成的全民用语。如唱多、唱空、买官、卖官、宅男宅女、博客、脱口秀、傍大款等。

(二)媒体语言具有鲜明的示范性

媒体语言是对社会语言的规范应用,具有广泛的示范作用。媒体使用语言是为了获得最通晓、最广泛的传播效果,因此,规范地使用语言是其基本要求。媒体语言一般来说是一个国家或集团的正式语言,通常是官方语言的面向大众的最常规的呈现形式,这种得到认可的标准语言本身就具有示范意义。媒体语言常常被用作语言教育和生活用语的样板语言。不同类型的媒体的语言示范作用是不同的。报刊语言主要对书面语有示范意义,广播电视有声语言在口语或书面语的口语表现形式方面会成为样板,成为全民族共同语的标准和标志。在我国,人民群众把广播电视播音员、主持人和影视演员的有声语言看作是标准语形式的代表,常常把广播电视播音员、主持人和影视演员当作学习普通话的教师。播音员、主持人的字词读音、语句表达甚至风格腔调,都会被当作标准或样板。广播影视媒体语言的这种示范作用必然对其自身的语言运用提出更高更严格的要求。

(三)媒体语言具有积极的引领性

当代社会实践是媒体陈述与表达的永恒源泉和唯一内容。媒体因其自身具有的社会功能,始终处于社会生活的前沿和最活跃地带。敏感而迅速地洞察社会生活的变化,包括语言的发展,媒体具有其他社会公器难以具备的优势。事实证明,随着社会实践的不断发展,语言是不断发展变化的。一些旧的词语会逐渐淡出人们的视野,新的词汇、新的语言用法会不断产生。现代媒体是语言的最活跃的应用者,又是社会生活最敏锐的反应者,对于新的语言现象的接纳与使用常常领跑社会,这样一方面可以使媒体更好地融入社会,增强媒体传播行为的时代性、新鲜感,优化传播效果,另一方面也会促进语言的发展。前面我们提到的最新出版的《现代汉语词典》中收录的新词新语,应该说,媒体的认可和使用是其入选的重要因素。需要指出的是,媒体并不会对于社会生活产生的一切新词新语都照单全收,媒体因其自身担负的社会责任,会自觉地选择那些能够反映时代发展变化,能贴切而生动反映社会生活并能得到大多数社会成员语言审美认可的新词新语丰富自己的传播语言库,而主动淘汰社会生活中的一些怪异、晦涩和不健康的用语。这是媒体语言引领作用的本质表现。如网络语言大量使用非语言文字符号来传情达意。对这种语言现象,大多数传播媒体都采取了非常慎重的态度。可以预测,这种语言现象或仅止于网络,成为全民用语的可能性很小。

(四)媒体语言具有很强的稳定性

媒体语言是最活跃的社会语言,这并不是说媒体语言是易变的。媒体担负着向最广泛的社会公众传播信息和思想的重任,其所使用的语言必须使最广泛的大众易于理解和接受。因此,媒体语言的词汇、语音、语法不可能朝令夕改,而必须保持持续的稳定性。首先,语言本身的稳定性,决定了媒体语言的稳定性,也就是说,媒体语言受到稳定的语言系统的制约。媒体语言并不是自成体系的另类语言,而是语言在媒体中的应用。因此语言的音义关系、结构规则等的稳定性也决定了媒体语言的稳定性,语言的大多数字义关系、音义关系是固定的,媒体语言也就不能今天指"你"为"我",明天称"哥"为"弟"。其次,规范性是媒体语言稳定性的重要体现。媒体作为社会公器,必须是语言规范的严格执行者和推广者。语言规范是人们在约定俗成的基础上,经过提炼、定义、调整、修订等而确定的用语规则和标准。语言规范化是使民族共同语统一、明确、易于被全民正确使用并能使其纯洁、健康发展的决定性因素。这种统一、明确的语言是媒体产生影响力的基本条件。一般来说,语言规范一经形成,便不能随意改变。媒体语言在语言生活中发挥着巩固和推广已有语言规范的重要作用,这使得媒体语言的稳定性大大强化。此外,媒体语言对语言的淘汰遴选机制,也是其稳定性的重要表现。总的来说,媒体语言对于旧语淘汰和新语的遴选,是一个自然过程,同时也是一种理性行为。在直接面向大众的传播过程中,新词旧语的使用及其效果和被大众接受的程度,会迅速得到反馈,其结果会自然或理性地融入媒体的语言活动中。这一过程是一种渐进的过程。也就是说,一个新语得到广泛认同,一个旧语被人们弃用,不是在一个早晨完成的,它需要时间的洗礼和人们的理性选择,媒体语言的稳定性因此也得以彰显。

四、媒体语言的共同特点

从不同角度对媒体语言进行研究,可以归纳或提炼出媒体语言的各种不同特点。我们认为,媒体语言的特点、性质及要求是由媒体本身的特性决定的。媒体面向社会,面向大众,是时代社会实践和社会生活的记录者,是各类信息的报道者,是时代新思想的传播者,媒体语言必须具有与之相适应的形态与特征。分析我国媒体语言的实践,媒体语言具有以下共同特点:

媒体语言必须具有全民性。我国地域辽阔,人口众多,是多民族聚集、多方言并存的国家。作为面向全体社会公民的媒介,必须采用最大多数人都能知晓、理解的民族共同语来进行传播。这是媒体产生最广泛社会影响力的前提条件,如果你采用的语言只有小部分人能懂,其他人不知所云,媒体就失去了自身存在的价值。即使是小众化的媒体,因其所定位的受众人群肯定不是孤立的,采用民族共同语也是其最佳的语言策略。媒体语言的全民性必须体现在贴近性上,这与媒体的社会责任直接相关,也与媒体的传播效果紧密相连。只有真正贴近人民群众,贴近人民群众的生活,贴近人民群众的语言,媒体的有效传播才能最大化。因为如此,媒体语言必须接近社会大众的认知水平和语言使用能力,尽可能做到通俗与浅显,把有价值的信息通俗易懂地传播给大众,把深刻的思想用浅显明白的语言传播给大众。这种全民性的语言策略和特征,是媒体语言影响力的基础。当然,媒体语言在追求通俗易懂的同时,还应注重追求语言的文化性,杜绝语言浅薄和庸俗化的倾向,追求语言的高雅与深邃,以促进提升全民的语言文明水平。

媒体语言必须具有权威性。媒体的权威性是通过媒体语言传播实现的,如果受众对媒体说的话都不相信,不仅媒体的权威性无以保障,自身存在的价值也不存在。因此,权威性是媒体语言应该体现出来的基本特征。当然,媒体语言的权威性不是凭空建立起来的。客观地报道事实,公正地评说事件,准确地传播信息,这些是对媒体语言的基本要求,也是其建立权威性的前提。媒体语言应该是真话、实话和新话,而不应该是假话、空话和瞎话。也就是说,客观性、公正性、准确性是媒体语言应该始终坚持的基本原则。

媒体语言必须具有民族性。当今世界,媒体都是一定国家、民族或集团的传播或宣传工具。任何媒体都有一定的传播范围和设定的传播对象。对于我国的大众媒体,其传播对象就是传播区域的大众。这就要求我国大众媒体的语言传播必须具有中华民族的语言特色,必须具有本土性。《北京日报》不可能用法语或俄语来办,面对全省观众的湖北电视台也不可能采用非洲的语言,这是不言而喻的。而媒体语言必须具有民族性的更深刻的意义在于，每一种语言，都蕴藏和储存着丰富的民族文化信息，语言既是民族文化的重要表现形式，也是弘扬民族文化的重要载体，媒体语言只有具有了丰富的民族性，才能最有效地接近受众的文化习俗，切合传播区域的主流文化心态，使媒体的信息传播和文化传播效能最大化呈现。

媒体语言必须具有时代性。媒体是最为贴近时代的社会舆论工具。社会实践的发展，社会生活的变化会通过多种形式在语言的使用中表现出来。媒体语言作为最能敏感感知时代变化的大众传播介质，与时俱进是其本身必须具有的品质。我们不可能再用中国古代的汉语来记录中国今天的发展变化，而且我们的语言运用也不可能永远停留在现在的阶段。社会的发展，科技的进步，文明的演进，思想的解放，观念的更新，会使新词新语大量涌现，新的语言用法也会层出不穷，处于时代最前沿的媒体语言必须持续不断地、理性地吸纳、应用新词、新语、新语音和语言新用法。这样，一方面能动态地、准确地记录和反映社会生活的变化，深刻地展示时代风貌、时代气氛和时代精神；另一方面能使自身的传播行为更新鲜、更生动，富有活力。同时，还能记录和反映语言的演进变化。媒体语言的时代性还体现在语言表现风格等多方面。比如，在播音风格上，"随着现代化传播工具反映现实的日益迅捷，随着时代脉搏的跳动的不断加快"，"那种僵直刻板、慢条斯理的语言样式是很不适应了，那种过分拘谨、力拙声浊的语流形式也不适应了"。时代感要求播音风格具有"洒脱的语气和紧凑的节奏"。这是媒体语言必须具有时代性的典型表现。

第三节　媒体语言类型

随着时代的发展，科技的进步，当今媒体已从报刊、广播发展到了电视、网络等。随着媒体的发展，媒体语言也越来越丰富多样，其对社会语言生活的影响也越来越大。全国人大常委会副委员长许嘉璐同志指出："媒体语言（包括文字），尤其是广播电视语言，太重要了——它对社会语言和民族文化的走向有着任何其他载体不能比拟的影响力。"因此，加强对媒体语言的研究，提高对媒体语言的正确认识，具有重要的现实意义。

一、媒体语言的分类

媒体语言的分类,就是根据媒体语言所呈现出的不同特征对其划分归类。这种划分归类,对于深入认识媒体语言的特点,有针对性地把握媒体语言的研究对象,具有重要作用。

按照多角度、多层次的分类原则,我们可以给媒体语言分出多种类别。这其中主要的有两种分类方式。第一种,也是最常见的一种分类,是按媒体划分,可分为报刊语言、广播语言、电视语言、网络语言等。第二种,可以按照文体划分,分为新闻(消息)语言、评论语言、通讯语言、文艺语言、广告语言等。其他就广播电视语言来说,还有按语言传播样式可分为有声语言和文字语言;按传播符号可分为有声语言传播和副语言传播;按节目传播方式可分为直播语言和录播语言;按语言表达样式可分为宣读式、评述式、播报式、谈话式等。

本书所说的媒体语言主要是指报刊、广播、电影、电视和网络使用的语言。按照媒体的分类,媒体语言的种类主要有报刊语言、广播语言、电影语言、电视语言和网络语言等。这种归类依据的是各类媒体及其使用语言的不同特征。报刊、广播、电影、电视和网络等各种媒体在人类社会生活中是依次出现的,其语言的运用显然都有各自的特点。这充分说明传播媒体自身的不断进化也使媒体语言在不断演变、丰富、发展和进步。

(一)报刊语言

报刊是出现最早的大众媒体,有着悠久的历史。报刊是纸质媒体,主要以印刷文字作为信息载体。报刊语言是一种作用于人的视觉感官的书面语言,具有线性特征。在两百多年的发展历程中,报刊语言在不断发展变化,但其与传统语言、正统语言及官方语言始终是联系最为紧密的一种语言,要求规范、严谨、正式。在形式上,报刊语言可以通过字体、字号、色彩和版面编排,并辅之以图表、照片等,强化传播效果。

(二)广播语言

广播是唯一仅用声音传播信息的媒体。声音是构成广播传播的唯一物质材料和运动形式。听觉感知是广播的本质属性。广播的声音结构包括语言、音乐、音响三要素,其中播音员、主持人用以传播信息的有声语言是其主体。广播语言具有较强的口语语体的特点,但同时,在语音、词汇、语法和风格方面,讲究用语的严谨、规范和庄重,这使得广播语言与人们的日常用语具有不同特征。

(三)电视语言

电视是通过画面影像和声音传播信息的媒体,是以声画组合、以画面为主的媒体。镜头语言之外的有声语言传播在电视传播中作用重大。受众对电视传播信息的接受不仅来自画面,同时也来自有声语言。电视声音主要由人物语言(播音员、主持人、记者的播报、解说词、主持词、采访语言和相关人物的同期声)、音乐、音响组成。其中播音员、主持人、记者的播报、解说词、主持词是其主体。字幕也是电视语言的重要部分。电视语言依附于画面,辅助阐释画面内涵,提示电视作品主题,弥补画面的不足。因此,电视语言必须做到简明、客观、准确,唯此才能完成电视"声像互动,视听兼容"的传播过程。

(四)影视剧语言

影视剧是一种融合戏剧、摄影、音乐、文学、绘画等多种表现形式的综合性叙事艺术,表现手段极为丰富,影视剧语言是影视剧创作的重要载体和核心材料。我们这里所说的影视剧语言主要指剧中人物的对话,也包括旁白、独白等语言。影视剧以塑造血肉丰富的人物形象为创作的核心内容。最能表现人物特征的就是人物的语言。影视剧中的人物对白是影视剧语言的主体。影视剧语言是与大众口语最为接近的语言,个性化、口语化和生活化是影视剧语言的最大特点,同时也是其具有艺术感染力的关键因素。广播剧作为只作用于人的听觉感官的叙事艺术形式,在语言的应用方面与影视剧语言类似,其自身的独特要求主要体现在语言的形象性应更多地依赖于人们的听觉感受。

(五)网络语言

网络是视听结合的新型传播媒介,兼容了报纸、广播、影视等传统传播媒介的一切传播手段。网络语言是指与网络这一新型媒体一起产生的、具有自身特色的、作为网络媒体传播主要工具的语言。需要指出的是,网络语言是一个很广泛的概念,至少有以下几类不同的内涵。

(1)网络上使用的文字语言。

(2)泛指网络传播的一切表现手段,包括网页上的图像、符号、文字、有声语言等。

(3)指网络上特殊的网络语言表达,如在文字中夹杂一些网络符号。

(4)指网络技术语言。

我们所说的网络语言主要是指网络上的文字作品或用以交流信息的符号化个性表述等。网络语言具有超文本、超链接的语言特征,常常表现为语言符号和非语言符号的立体化融合,存在大量不规范的用字、用词、语法和符号表意现象,因此有人将网络语言仅仅看成是一种社会方言。网络语言是一种影响力日益扩大的新的媒体语言,它极大地突破了传统书面语言的常规、法度,是一种新的语言现象,应该予以高度关注。

二、媒体语言的规范

"媒体作为语言文字使用的大户,不仅负有宣传语言文字规范的责任,同时也在创造语言文字的规范。"从语言文字工作的角度来审视媒体,媒体应努力率先贯彻执行《中华人民共和国国家通用语言文字法》,大力推广普通话和规范汉字,宣传国家的语言文字方针与政策,争当语言文字规范化与标准化的标杆、楷模、榜样、教师,积极发挥示范作用。媒体语言应用本身不仅要做到生动、活泼、自然、多样化,更要做到规范和标准。

(一)媒体语言必须规范

规范是语言自身发展、言语交际的需求。规范是大众传播的必然要求,大众媒体要完成任务,实现传播,必然要求语言规范。语言越规范,传播越广泛。正是由于媒体语言具有传播速度快、传播范围广、影响力强等特点,因此其规范才显得尤为重要和迫切。另外,推广普通话也以媒体语言为榜样,所以媒体语言的规范更该应高标准,严要求。

(二)有针对性地规范各种媒体语言

比如,同样要求新闻语言规范,报纸主要是书面语,是供人们"看"的,是对文字的把握;广播则是口语,主要是对有声语言的把握,是从"听"角度衡量其语言是否规范；而电视则是从"视、听"的角度来把握语言规范。网络语言作为媒体语言中的"新生代"，虽然具有创新、简洁、幽默等特点，但存在更多需要规范的问题。其问题主要表现在：一些网民用语不文明，还有些网民为使自己的言论标新立异，故意表现出粗俗下流的格调，使用一些粗话、脏话和嘲讽人的词语；使用大量的生造词语，还有的为图方便省事，随心所欲滥用错别字，乱造简化字，随意使用字母、数字、图形、符号代替汉字，导致用字、用词混乱；更值得注意的是，一些网络词汇进入到日常生活的口语中并成为新新人类的口头语，成为一种新时尚，特别是一些中小学生的作文、日记里充斥着大量的网络语言。学生正处于打基础的时候，如果对网络语言不加控制，放任自流，就会对传统的语言学习产生负面影响。

(三)注意从整体上把握语言规范系统

比如，播音员、主持人的语言，一说不规范，往往就考虑是不是读错字了(当然语音是规范的一个重要内容)，其实播音语言规范远不止这些。播音语言规范是一个系统，包括语音、词汇、语法的规范；包括语言表达样式的规范；包括语言技巧系统(内部技巧、外部技巧)的规范；包括语言、副语言(体态语)运用的规范；包括语言通过电子传播过程的规范等。

语言的规范问题是语言应用中非常重要的一部分。媒体语言的规范，需要媒体与受众乃至全社会成员共同努力，自觉维护。要提高语言修养，加强语言规范意识，同时国家语言文字主管部门也要加大语言规范的宣传力度，使人们能够充分认识到语言规范的重要性。要充分发挥媒体的重要作用，媒体对语言文字的规范与标准不仅是最有力的宣传者，也是直接的体现者与创造者。对语言文字规范与标准的宣传推广，主要还是依靠媒体。媒体部门作为语言文字的直接使用部门，对语言文字的规范与标准具有义不容辞的宣传职责，媒体从业人员应该在工作中不断提高自身的语言文字规范意识，积极主动地宣传、贯彻、执行语言文字规范与标准，从而改变以前因为语言文字规范和标准宣传不力而造成的误解、给工作带来的麻烦和在语言生活中产生的负面影响。

第三章 网络流行语

第一节 网络语言及其风格

一、网络语言

随着中国的"95后"和"00后"逐渐成长为新的消费群体,各类品牌都开始积极寻求吸引年轻一代用户的品牌传播策略。在媒体接触和使用习惯方面,年轻用户的主要特点是,他们是在互联网普及的大环境下成长起来的。在中国,如果说"70后"是"报纸一代","80后"是"电视一代",那么"90后"无疑是"互联网一代",而"00后"则是"移动互联网一代"。

语言学研究表明,新的传播媒介对于语言进化具有重要作用,新的媒介往往会催生出新的语言变体。互联网是网络语言发展的温床,网络语言正是在互联网媒介中产生并不断演化的。根据中国互联网络信息中心(CNNIC)发布的第46次《中国互联网络发展状况统计报告》,截至2020年6月,我国网民规模达9.40亿,比2020年3月底增加3 625万,互联网普及率达67.0%。第46次统计报告表明,其中10~29岁年龄段的网民占比高达34.7%。如此庞大的年轻网民群体构成了网络语言的主要创造者、使用者和传播者。

在电子邮件、BBS、即时通信软件以及视频弹幕等互联网沟通环境中,网络语言已经成为人际互动不可分割的一个组成部分。"锦鲤""确认过眼神""比心""freestyle"等网络流行语每年都不断推出,成为年轻消费者沟通中的惯用和常用语言。相比于"80后"或更年长的消费者,网络语言是从小就习惯键盘和手机输入的年轻一代的独有沟通方式和典型群体符号。

"当你需要靠近一个群体时,就请先学会使用他们的语言"。为了靠近和抓住年轻消费者的心,赢得他们的偏爱,近年来,在品牌和广告等商业传播活动中出现了大量网络语言,成为营销界的一个新兴热点现象。白酒品牌江小白、零食品牌卫龙、传统品牌大白兔,甚至故宫博物院等文创品牌都纷纷采用网络语言化的沟通方式来进行广告和品牌宣传,其中也不乏值得学习的成功案例。对这一现象进行深入研究,从中发现网络语言广告的理论规律和应用方法,成为当前营销学者所面临的任务之一。

我们在书中详细介绍了围绕网络语言广告进行的一系列实证研究,主要讨论了网络语言对广告和品牌传播效果的作用机制。在实证研究的基础上,我们也结合典型的营销案例,对网络语言广告的应用范畴和应用方法提出了较为系统的观点和建议。

(一)互联网时代的网络语言

1969 年,互联网在美国诞生,于 1989 年开始进入中国。经过半个世纪的发展,互联网已经成为当今最重要、最流行的媒体之一。中国互联网也已成为全球互联网的重要组成部分,并全面渗透到经济和社会的各个领域。互联网的快速发展对人类社会产生了许多重大影响,其中之一便是人们所使用的语言。

在过去的数十年里,人们已经见证了电视、互联网和移动电话等新兴沟通技术对语言产生的影响,同时学者们也注意到语言在这些媒介中的改变和进化,这类语言现象由此成为学术界研究的热点。2004 年,著名语言学家 David Crystal 在其论著《语言革命》中指出,从 20 世纪 90 年代开始,语言的发展显现出三大"革命性"的趋势:英语全球化、语言危机加重以及因特网的媒介化。这些趋势对语言的发展影响深远(Crystal,2004)。进入 21 世纪,这三大趋势对语言的影响进一步加剧,特别是互联网作为一种新媒介,直接促成了网络语言的产生。网络语言在中国经历了二十多年的蓬勃发展。早期,网民们基于键盘输入的便利性和谐音等规则创造了许多"新词汇",如"= ="表示"等等","3Q"表示"thank you"等。后来,网络语言词汇中也开始出现"缩写"后的中文表达,如"累觉不爱"表示"很累,感觉自己不会再爱了","人艰不拆"表示"人生已经如此艰难,有些事情就不要拆穿"等。同时,网络语言也开始逐渐形成某些特定的语言风格,如"淘宝体""咆哮体"等。网络语言的发展从简单的字词谐音模仿到词语创作,再到语体原创,经历了创作、模仿、传播、升华或淘汰的复杂过程。有的网络语言词汇已经消失在人们的记忆中,有的却成为日常用语,甚至进入了《现代汉语词典》。人们对网络语言的态度也由早期的看不懂,甚至厌恶,到现在的更加包容并且参与到传播和创作之中。

(二)网络语言的定义

究竟什么是网络语言？如何准确地界定网络语言？语言学家们对这些问题进行了丰富的讨论和研究。

学者们根据研究的需要，对网络语言进行了不同角度的诠释。2001年，于根元接受中央电视台访谈时对网络语言作了相关解答。他指出，与网络或者网络活动相关的语言就是网络语言。网络语言在内容上包括词汇和语体两个方面，词汇即指网络语言词汇，而语体主要涵盖了网络文学、网络新闻以及网络广告。同年，英国语言学家David Crystal也提出了网络语言的概念，他认为英语网络语言是语言的一种变体，这种语言变体在以互联网为主要介质的环境中产生，并且有着网络属性以及全球化和互动性等特征。

随着互联网以及网络语言的发展，比较宽泛的划分已经无法满足进一步研究的需要。因此，一些学者开始对网络语言的概念和包含的内容进行更加细致的区分。周洪波认为，网络语言是在互联网运用中使用的相关词汇和句子。网络语言在广义上可由二部分组成：第一部分是指互联网的专业术语，如"硬件""鼠标""宽带"等；第二部分则是网民在聊天室和一些BBS上使用的聊天用语，如"美眉""斑竹""大虾""菜鸟""恐龙""么么哒""酱紫""十动然拒""拍砖"等新生词汇。狭义的网络语言不包含前面两类，仅指第三类网民或网友在聊天室和BBS上使用的聊天用语。Baron指出，广义的网络语言主要包括：用于交流的自然语言、与计算机相关的编译语言以及网民用于网络交流创作的特殊语言。从狭义的视角来看，学者们开始将网络语言限定为网民创造和传播的用于交际和信息交换的语言形式。

上述对于网络语言的分类在后续研究中得到较多的认同。谢芷欣认为，网络语言在广义上是所有在互联网中使用的语言，由三类构成：第一类是社会通用语，实际上指的就是传统汉语，这是网络语言存在和使用的基础语言；第二类是因互联网而存在的术语和行业用语，如"防火墙""网管""宽带"等；第三类是网民在互联网上使用的习惯用语和相关俚语，这些词句一般具有特殊的含义和形式，如"菇凉"(姑娘)、"1314"(一生一世)、"围脖"(微博)等，它们一般都起源于网友在互联网上的交流互动。施春宏(2010)将互联网文化中语言现象的研究归属于CMC(Computer-Mediated Communication)的一种。CMC语言有广义和狭义之分。广义的CMC包含网络中的交际用语和与计算机相关的各种编程语言;而狭义的CMC通常只包括前者,即交际用语。

综合上述内容可以发现,学者们对网络语言的定义在广义上包含:①社会通用语言;②网络专业术语;③网民在互联网上使用的习惯用语和俚语。在狭义上则只包含网民在互联网上使用的习惯用语和相关俚语,通常人们理解的网络语言也主要是狭义上的。例如,维基百科(Wikipedia)对于网络语言的解释是,"网络语言是由网民创造和传播的用于交际的一种语言形式"。网络语言被经常使用在即时通信、网络论坛、微博、微信等沟通媒介中,是互联网文化的组成部分,并逐渐从线上往线下渗透。与此同时,学术界对于网络语言的研究也更侧重于狭义的网络语言。在本书中,除了特别说明之外,网络语言这一概念采用狭义的网络语言定义,即指网民在互联网上使用的习惯用语和俚语。

(三)网络语言的特点

网络语言之所以备受大众的关注和喜爱,主要是因为网络语言具有区别于标准语言的一些突出特点。

1. 从语言构成的角度来看,网络语言具有不规范性

网络语言的不规范性是指其在变异的过程中,过分偏离常规语言系统,给受众带来理解上的困难,也给汉语学习带来了极大的障碍。Baron和Crystal等指出网络语言是一种非标准的语言形式。在网络语言中,一些词汇的意义发生了偏离,比如,"潜水"表示在论坛或者聊天群组中保持沉默的一种状态等。另一些网络词汇则采用了缩写、谐音等构词方式,只有在了解其原本表达的基础上才能理解。例如,GF在英文中是"Girl Friend"的缩写,88是"Bye Bye"的谐音,"十动然拒"则是"十分感动,然后拒绝了他/她"的缩写等。

由于上述情况的存在,在网络语言的使用过程中,一部分对网络语言含义不熟悉的人将会难以理解这些词汇的确切意义。因此,有必要注意网络语言的使用场合和可能给沟通带来的负面影响。也正因如此,在有关网络语言使用的研究中,不少学者,如陈建华等,也担心网络语言可能给现有的语言体系带来负面的影响,并提出了改进和规范的意见。

2. 从受众感知的角度来看，网络语言具有有趣性和新颖性

网络语言所表现出的有趣性和新颖性是其广泛受到年轻群体欢迎的主要因素，也是品牌传播和广告实务工作者使用网络语言的原因之一。

Collot 和 Belmore 指出，网络语言大部分介于书面语和口语之间，其特征体现在语言的新颖性、简洁性和追求修辞效果上。Crystal 在论述网络语言的性质和特点时，指出网络语言具有多样性、简约性、随意性等特征，从网民的传播和接受度来看，网络语言大多是简洁的、有趣的、新鲜的。张玉玲在研究网络语言的风格时，特别提到了幽默性，认为网络语言的幽默性与传统的语言幽默性并不相同，很多情况下，网络语言并不是乍一看就令人发笑，而是需要联想、思考才能体会其背后意义的趣味性。马倩以春节联欢晚会中出现的网络语言为研究对象，提出网络语言的幽默分为三种：隐喻幽默、语境幽默和模因幽默。对于品牌和广告而言，网络语言的有趣性和新颖性也正好符合营销传播的需要，甚至可以成为广告创意的重要来源之一。

3. 从使用群体的角度来看，网络语言具有亚文化性

亚文化，又被称作小文化、集体文化或副文化，其以自身独特的理想信念、价值观念和生活方式与主流文化相对应。网络亚文化是一种有别于网络主流文化的亚文化形态，是网民在网络中逐渐形成并推行的一种特有的文化价值体系、思维模式和生活方式。

网络语言不仅是一个社交工具或符号体系，还是这一社会群体中的成员认识和理解世界的特有视角和方式。从某种程度上来讲，有什么样的世界观和价值观就会使用什么样的语言。以年轻人为主体的网民创造出来并广泛使用的网络语言反映了这一社会群体的心理状况，并在当代社会语境下形成一种亚文化现象。比如，在采用非标准读音的情况下，在方言中或者女性卖萌撒娇的时候，"厉害"可能被读成"腻害"。这种基于错误读音的词汇却被年轻人广泛接受，一方面可能是因为"腻害"比"厉害"传递了更多语音信息，进而丰富了这一词汇所表达的含义；另一方面也反映了年轻群体对于语音多样性的宽容和接受。从这个角度看，网络语言是具有亚文化性的。它与某个亚文化群体紧密相连，是该群体文化的一种外在表现方式。

4. 从语言融合的角度来看，网络语言具有多语种混合的特征

网络语言的重要特征之一是"拼贴"，往往会广泛采用来自各个语种、方言、

语音的元素，以简单"拼贴"的方式完成语言创造。互联网是一个信息交流的虚拟平台，因此在互联网上的沟通可以突破地域语言的限制，不相邻的社会或民族都可以通过网络媒介发生直接的语言接触，从而产生不成系统的词汇借用现象。正是互联网的这种媒介特点促使网络语言具有了多语种混合的特征。

考察我们日常使用的网络语言就可以发现，有不少网络语言源自某种外来语。例如，"秀"这一网络词汇是源自英文的"Show"，"宅"是对日语汉字字形改用汉语读音等。从语言融合的角度来看，网络语言是目前汉语不断与其他语种和方言等进行融合的标志性语言变体。

二、网络语言风格

(一)风格

"风格"是一个含义宽泛的词，建筑、雕塑、美学、艺术、音乐、文学、辞章学、语言学都使用"风格"这一术语。"风格"一词在各个领域的运用比较广泛，但都有强调格调、作风、风貌的含义，体现的是特点之全貌。

风格适用于各类领域，包括文字、图像和造型等。在文学创作中，风格一般是指作品整体所表现出来的特点。王凯从产品设计的视角出发，认为风格是通过运用不同的造型和手法，而使作品表现出异于同类作品的独特性。美国著名艺术家迈耶从艺术层面对风格做出了比较经典的定义，他认为风格是"包括一个本质和富有意义的表达形式系统，通过可见的艺术家个性和一个群体的广泛看法来实现"。

总的来说，对风格的理解包含多个方面。①风格一词使用范围非常广泛，既可用来描述语言，也可用来描述建筑、产品、音乐等；②风格是同类事物的一种独特性；③风格强调对总体性特点的认识；④对风格进行把握是一个主观的认知活动；⑤风格的描述对象是物质世界的客体，但其来源归根结底是人的认知。

(二)语言风格

语言风格是语言风格学的核心术语。学者们对于语言风格的定义、成因和涵盖范围从未停止探索和总结。因为这一概念能否得以确定，关系到整个语言风格体系所涉及的诸多问题以及相应学术成果的可用性和严谨性。

高名凯、胡裕树认为,"语言风格是人们在人际交流中,根据不同的交际场合和交际环境,为从言语上与这种交际场合和交际环境进行匹配,在语言手段上所做的一系列调整而形成的气氛和格调"。这种对于气氛和格调的解释是对我国汉语传统风格论的继承和发展。北京大学中文系汉语教研室的张静认为,"语言风格体现的是不同流派、不同时代、不同民族或者不同个人的综合语言特点"。郑远汉指出,"言语风格应当是一系列言语特点的综合表现,但这种特点不是自发形成的,而是来自人们的语言受到不同交际环境的制约和限制"。

此外,叶蜚声从语言变异的角度给语言风格下的定义为,"语言风格的形成实际是来自人们因不同交际场合对语言的要求而做的一种变异,正是因为这种变异的存在,同样的人在不同的环境中,使用的语言才呈现出不同的特点"。张德明指出,"语言风格的存在,是语言体系本身特点的体现,但这种特点理应是一种全面的、综合的特点"。

语言风格是一种系统性特征。胡范铸认为,"语言风格是语言使用者在运用语言时,受到心理因素和语言所体现的内容等多种要素的综合作用而产生的系统性特点"。王焕运(1993)指出,"语言风格应是一种个性,这种个性来自语言的声音、修辞、语法和相应的词汇,具有明显的区分作用"。王希杰认为语言风格是人们在运用语言时所表现的个别性特征的综合。宗世海指出语言风格是在个人审美情趣的影响下,通过多种美学价值的语言要素以及相应的表达手段所传达的美学风貌。他认为语言风格,或者说言语风格范畴是相同种类的风格要素和手段的类聚系统,属于语言的风格变体,是对语言作品所具有的美学形态进行的抽象概括。

黎运汉的观点是,语言风格的形成是语言运用的产物,没有语言的使用,语言风格就无法存在。他还就语言表达主体和接受主体在语言风格形成中的作用做了进一步的阐述。语言风格来源于语言表达主体和语言接受主体二者共同的作用,不能忽略二者任何一方来谈语言风格,当语言表达主体对语言进行表达后,需要接受主体对其内容进行创造性的解读、理解,并于最后接受它。

上述学者从不同的视角,给出了自己关于语言风格这一概念的定义。其中既有相同点,也或多或少存在差异,但都从语言风格形成的内部机制对语言风格的本质特征和关键因素作了揭示,归纳起来主要存在以下几种说法:①言语气氛格调论;②言语特点综合论;③风格变异论;④系统性特征论;⑤美学风貌论。

三、网络语言风格

网络语言虽然属于一门新生语言系统,但它依旧是汉语大系统的一部分,它在关系上依旧从属于汉语大系统。因此有理由将汉语语言风格的定义和界定延伸至网络语言风格的界定。

基于上文对语言风格定义的归纳,可以认为消费者对网络语言的认知通常是综合的感性认知。这种认知既可能来自网络语言的气氛格调,也可能来自修辞、文体、语义,甚至是所体现的时代背景、民族背景和社会群体背景。因此,我们将网络语言风格定义为"消费者对网络语言所呈现的一系列语言特点的综合感性把握"。

我国古代学者很早就开始对语言风格进行分类。如刘勰在《文心雕龙·体性》中提出中国传统的体性,并将其分为4组8种风格,即"远奥、精约、典雅、繁缛、显附、新奇、轻靡、壮丽"。司空图在《二十四诗品》中将语言风格分为24种类型,包括"冲淡、雄浑、纤秾、高古、沉着、洗练、典雅、绮丽、含蓄、劲健、豪放、自然、缜密、精神、清奇、委曲、疏野、悲慨、实境、超诣、飘逸、形容、流动、旷达"。

近现代以来,也有不少学者尝试对语言风格进行研究。如张德明在《语言风格学》中继承和发展了刘勰的风格分类,将表现风格分为8组共16种:"含蓄和明快;繁丰和简约;庄严和幽默;华丽和朴实;文雅和通俗;平易和奇崛;刚健和柔婉;谨严和疏放。"陈望道在《修辞学发凡·文体》中提出语言的表现风格有"繁丰、简约、柔婉、刚健、绚烂、平淡、疏放、谨严"等类型。张志公在《修辞学概要》中认为文章风格大体上可以分为"简洁、细致、明快、含蓄、平实、藻丽"等。姚婷认为网络语言的显著特点在于"新",这种"新"指的是网络语言词汇结构和词汇含义的新,并指出网络语言的风格存在"新颖、简约、随意、生动、奔放、委婉、幽默、嘲讽、泼辣、谩骂、极富个性"等类型。黎运汉通过对不同语言作品进行分析和概括,最终提炼出语言作品的不同风格类型。根据语言作品的话语气势可以分为柔婉和豪放,根据语言作品话语表达长短可以分为简约和繁丰,根据语言作品的话语曲直可以分为明快和蕴藉,根据语言作品话语修辞的浓淡可以分为朴实和藻丽,根据语言作品的话语趣味性可以分为庄重和幽默,根据语言作品话语的雅俗可以分为通俗和文雅,根据语言作品话语结构的松紧可以分为缜密和疏放等。

曹炜等通过分析广告语言的语言特征,并结合广告语言的诸多社会属性、消费心理、审美情趣和民族文化等因素提出了一些关于广告语言的特征词汇。比如"舒心的、亲切的、悦耳的、积极的、令人愉快的、令人激动的、可爱的、令人享受的、快乐的"等。江波从心理学角度对广告语言的特征进行了归纳,主要有"友善的、温和的、融洽的、鼓舞的、友好的、粗俗的、诱惑、尊重、活泼的、刺激的、真诚的、激动人心的、清晰的"等。李宇明、索绪尔则将广告语言的特征概括为"地道的、有韵味的、生动的、有趣的、顺耳的、幽默的、优美动听的、通俗的、新奇的、独特的、简单的、朴实的、亲近的"等。金萍华等从电视广告声音的角度阐释了广告语言对品牌塑造的巨大作用,并从消费者的视角指出了广告语言应具有的艺术元素,譬如"有凝聚力、响亮、易记、有意义、上口、引发联想、易学、流行性、感染力、回味无穷"等词汇都能体现广告语言的特征和内涵。

由于方言和地域文化也是网络语言形成的重要因素之一,故我们也将描述方言和地域文化的词汇作为本章量表关键形容词的来源。李如龙(1994)就文化对方言的影响总结了几个有代表性的词汇,包括"具有代表性、有内涵、威信、浓烈、神圣"。卢小群认为方言广告具有"亲和力、认同感和自豪感"三个特征。林景英在探讨中西文化和广告语言之间的联系时,指出广告语具有"鲜明、生动、直观、感染力、富于联想、意味深长、耐人寻味、风趣、幽默、美好"等特征。李腊花就语言使用者对英语、普通话、方言的语言态度进行了研究,对语言亲和力做了深入的探讨,提炼出的描述性词汇包含"忠诚的、豪气的、柔和的、直爽的、引导性、开放的、独特的、刻板的"。

此外,考虑到定义网络语言风格时也可能包含"听"的层面给受众带来的感性印象,所以将国外学者从语音层面对不同语言特征进行的相关描述也纳入词汇搜集范畴。Cheyne强调人们对非标准化的区域性口音会存在"善良、合适、健谈、幽默、友好、可信赖"等印象。Edwards指出更加"地道、勤劳、智慧"是标准口音比非标准化的区域口音给人的感觉。此外,大多数听众会认为第一口音是"友好的、可靠的、真诚的、温暖的和大方的"。Brown等对本土口音与外地口音进行了深入的探究,结果显示,前者相对于后者在"吸引力和善意"方面都更强。Carranza和Ryan为研究听者的感知效应,对西班牙口音英语和美式英语进行了比较研究,发现听者认为美式英语"更诚实、更诚恳、更有魅力、更正直"。Alvarez 认为英语不及西班牙语更显"风情",但是在"威望"上西班牙语稍微有所不足。Oscar 等(2008)针对广告语言对受众购买决策的影响,设计了一个关于西班牙语和英语的双语研究实验。结果表明,广告语言的"性感、美丽、吸引力和优美"等成分会对受众的购买决策产生影响。Julia 指出听者听到本土化的语言或者方言时会产生一些比较积极的情感,如"开心、亲切和热情"。而 Carmel L. Vaisman 对以色列少女在 CMc 环境中博客的语用行为进行了研究,并利用"不寻常、独特、丰富多彩、流行、美丽、可爱、迷人"等词汇对其博客的语言特征和风格进行了描述。

第二节 网络流行语生成的语言学动因

网络流行语是存在于互联网上的一种语言形式,它以文字作为主要载体,并以即时或者相对延时的形式,流行于具有开放性与共享性的网络空间中。作为一种新生的语言、文化现象,它的产生及动态发展符合语言经济学的原则。

语言经济学是基于教育经济学和西方人力资本学说的一门新兴交叉学科。"信息经济学"的开拓者、美国著名经济学家雅各布·马尔萨克在 1965 年提出了这一学说。他认为语言具有与其他社会资源相类似的经济特性,即价值、效用、费用和效益,并推断出经济学与语言优化之间存在密切联系。这一学说后经加拿大经济学教授弗朗索瓦·瓦尔兰科特(Francois Vaillancourt)和瑞士经济学教授弗朗索瓦·格林的发展逐渐完善。语言学中的经济思想主要体现在以索绪尔为代表的语言价值论以及体现"省力原则"的有效选择论两个方面。这些理论都体现了人类言语运用中存在着效用最大化的经济学驱动原理。

语言的趋同原则是驱动网络流行语不断变化发展的内在原因。在网络流行语被创造、生产出来以后,会经历一个选择和淘汰的过程:一部分语汇被社会广泛接受并固定下来,逐步融入现有的话语体系当中;还有很大一部分流传时间短暂,被摒弃不用或最终消亡。这种语言大浪淘沙的过程在很大的程度上是由后加入网络的语言使用者所完成的。他们初入网络时,为了适应网络社区中的"虚拟生存",必然会尽快熟悉网络上的通用话语以达到顺畅交流的目的,而交流的工具就是既定的网络流行语。他们原有的语言表达习惯很难在网络上被多数人认同和接受,因此结果即是"一轮对小群体用语的摈弃以及对既定认同用语的加强"。管理经济学之父爱德华·拉泽尔在论证语言与文化的关系时,就提到了语言的趋同现象。他认为少数语言群体具有学习优势语言群体语言的倾向。随着时间的积累,不断的摈弃和强化过程造就了网络流行语的动态发展,最终形成了对优势语言的趋同。

网络流行语作为网民在虚拟社区中的交流工具,其形成方式体现了语言经济学原则里的"省力原则"。语言价值论学说的代表索绪尔在《普通语言学教程》中阐明了语言的组合与聚合关系,认为人类在语言的创造和运用中体现出经济学里效用的最大化驱动原理,也就是"省力原则"。美国语言学家乔治·金斯利·齐普夫在其1949年出版的著作《人类行为与省力原则》里,第一次明确提出"人类行为普遍遵循省力原则"这一观点。他认为人们用语言来表达思想时,会感到"两个不同方向的力,也就是单一化的力以及多样化的力在共同作用。一方面希望简短明了,另一方面又要让人能够理解,使得每个概念都可以用一个对应的词语来进行表达,从而使听者理解起来最为省力"。网络流行语的构成方式正体现了简明、易懂这一省力原则,示例如下:

(1)符号图形语言。如":)"":—)""^_^"等表示微笑,代表高兴的意思;":P"表示吐舌头顽皮地笑;"T_T"表示伤心流泪等。这种符号图形语言类似象形文字的构词方式,脱离了文字的本体,因而具有超越不同语言界限的普适性。

(2)数字、字母谐音。数字谐音是将本无关系的数字人为地组合在一起并赋予一定含义的一种构词方式。这里的数字并不代表数量意义,而是作为一种符号,利用其读音与普通话、方言或外语的某些读音相同或相近,以数字的组合表达新的意义。如"520"代表"我爱你";"886"代表"再见";"7456"代表"气死我了"等。而字母谐音是利用英文字母或者单词的读音来替代原有词汇的一种方式。如"3Q"(Thank you)代表"感谢";CU(See you)代表"再见";Me2(Me too)代表"我也是"等。

(3)词语缩略。词语缩略指以单纯字母的发音代替原有的汉字或英文单词,再以字母的组合来表义。如"FT"(Faint)表示"晕";"BF"(Boyfriend)表示"男朋友";"LOL"(Laughing out loud)表示"大声笑";"BTW"(By the way)表示"顺便说一下";"BT"表示"变态";"OMG"(Oh,My God!)代表"哦,我的上帝啊",即惊叹的意思。

(4)词意迁移。词意迁移指网民在幽默、讽刺、标新立异等心理驱动下,将现有语言材料重新解释,使原有词意发生转换的方式。如"触电"本指人或动物在触及电流后引起体内器官机能失常的现象,现指人们首次接触某一领域。再如将"蛋白质"作为"笨蛋、白痴和神经质"的简称,将"白骨精"作为"白领、骨干、精英"的简称等。

通过以上分析可以看出,网络流行语在尽可能简化自身结构的情况下,力图在最短时间内传达出最大的信息量,体现出语言经济学原则中言语配置最优化的要求。

网络流行语是网络时代的产物,是人们在互联网上进行信息交流和信息处理的交际符号。作为一种充满活力的语言变体,网络流行语具有一套不同于现实生活语言的特殊符号系统,一般具备以下流行性特征:

(1)内容的新颖性及形式的创新性。网络流行语与传统的书面语言相比,少了很多规约与束缚。网络的出现为人们提供了充分发挥想象力的自由空间。在流行语的产生过程中,网民的创造性思维得到了淋漓尽致的展现,这种创新性给现代汉语带来了一股强烈的冲击波,因此有人将网络流行语的产生称为"第三次语言革命"。

追求新奇、张扬个性的网民心理是网络流行语不断创新的心理动因。年轻人会有一种求新逐异的心理,他们对新生事物抱有强烈的好奇感,并因此具有创造的冲动。这种创造性体现在网络流行语中即为用新鲜、有趣的新兴语言来达到标新立异、张扬个性的目的。此外,流行语作为青年人表达思想和情感的语言符号,还是群体趋同心理的一种体现。人们在流行语的生产和传播过程中,享受到了一种创造的快乐和打破传统语言规范禁忌的快感。这种拒绝一切固化标准的求新求异心理为网络流行语的不断创新提供了不竭动力。

从表现内容来看,自互联网进入中国以来,流行语开始频现于网络。从网络小说语言"轻舞飞扬"到影视类台词"I 服了 U",从论坛用语"灌水"到网络游戏"骨灰级",这些流行语不断带给人们新鲜的感受,不但增加了网民的词汇库,提升了精准用词的可能,也给人们增添了不少乐趣。另一方面,网络的出现推动了虚拟社区的形成,人们因而有了就公共事件进行讨论的公众平台。在这些公共场所中,由于网络交流的自由轻松,人与人的交流很容易碰撞出新的火花,于是网络上开始大量出现新的公共生活类流行语汇。如"欺实马""我爸是李刚""钉子户""卖身救母"等。这些流行语汇在很大程度上丰富了传统语言的词汇。

从表现形式来看,网络流行语具有强大的自我更新能力。网民在使用互联网交流时生产了很多极具创新性的词汇,比如许多"一字词"的发明。"弓虽"为汉字"强"的拆写形象,指特别强,有赞赏和感到震撼的意思。"弓虽"字的创造将"拆字游戏"的方法运用于网络,是网民创意的一种典型体现。"囧"是象形造词法,本义为"光明",由于其字形外观类似一张失意的人脸,读音又与"窘"字相同,因此在网络上被赋予了"郁闷、悲伤、尴尬"等含义。此外,"楼脆脆""楼倒倒"是对房屋质量问题的戏谑式称谓,在调侃中又带有对社会民生的关切。"神马都是浮云"中,"神马"并非"神奇的马",而是"什么"的谐音,与虚无缥缈的"浮云"组合起来,既有一种无从把握的脱力感,又带有一种洒脱和超然的意蕴,彰显了网民的创造力和语言的活力。

(2)形象性与幽默性。网络流行语的形象性突出地表现在一些形象的语汇中。如用"驴友"指代经常结伴出游的人,用"网虫"指代长期泡在网上的网民等。这种用某些具有相似性联系的、使人们具有直观感受的事物,指代一些不易说出或不便表达事物的表达方式,体现出鲜明的形象性。再比如"爱老虎油"代表"我爱你"。再比如把"这样子"说成是"酱紫",既有视觉效果,又隐含了味觉效果。这些词语往往给抽象、平淡的概念赋予了具体可感的、生动的形象,形成了网络流行语的形象性风格特点。

幽默性是网络流行语更为吸引人主动使用并进行传播的又一特点。在如今虚拟、平等、匿名的网络环境下,言论更为自由,网民表现出自觉追求幽默的特性。网民主体的年轻化特点使网络流行语充满着活力。年轻人上网的目的往往是为了在繁重的学习与工作之余寻求一个放松自己的通道。因此,营造出轻松幽默的阅读氛围,取悦于人,以玩笑、戏谑的方式调侃就成了网络交流中最受欢迎的方式。在网络虚拟空间中,各种现实生活中的标签和元素被消弭,人们处于一种相对平等的地位。故而年轻人对社会现状和社会问题的不满和抵制会首先通过对现有语言体系的嘲讽和破坏来实现。他们有意改变现存的语言和语法规则,对传统的语言体系进行变异,达到一种娱乐化和宣泄的效果。为了缓解现实生活的压力,寻求精神上的放松,网络流行语的幽默性、趣味性也便应运而生。网民群体的相对年轻化使网络流行语充满了活力,如"杯具"和"hold 住"等流行语。"杯具"是"悲剧"一词的谐音用法,其创意灵感来自易中天在《百家讲坛》中说的一句"悲剧啊",后用来表达网民对人、事、物的感受开始风行于网络。"杯具"反映了网民一种自嘲又积极的双面人生态度,改变了原词语的感情色彩,更加具有娱乐精神。"hold 住"的流行更是网民话语狂欢的一种典型体现。"hold 住"本为粤语中"掌控"和"坚持住"的意思,在台湾的一档综艺节目《大学生了没》中,一位打扮奇特的女子以怪异的腔调和中英混搭的语言引发观众的爆笑,其经典语句"整个场面我要 hold 住"更是引发网民的造句热潮,进而形成了热闹一时的"hold 住"体。这种生动有趣的网络流行语充分彰显了网民的个性,给人一种充满活力的感觉。

此外,网络流行语在使用上的高频性以及语用上的醒目性也是流行语之所以受到人们普遍关注的重要原因。

第三节 网络流行语产生的社会因素

语言作为社会的产物,无时无刻不受着社会因素的影响。美国学者布赖特(W. Bright)曾在他的《社会语言学》中提出了"语言和社会的共变"的理论:当社会生活发生渐变和激变时,作为社会现象的语言会毫不含糊地随着社会生活进展的步伐而发生变化。陈原先生也说:"语言是一个变数,社会是另一个变数。两个变数互相影响、互相作用、互相制约、互相变化,这就是共变。如果这意味着我们常说的:当社会生活发生渐变和激变时,语言一定会随着社会生活的步伐发生变化,那么,这共变论是完全可以理解的。"以上两位学者的理论,分别从不同的角度说明了一个简单明了的原理:语言与社会存在共变关系。这种共变关系是十分复杂的,因为社会与语言本身就是两个复杂的系统。每一种社会现象的产生、发展和灭亡都会在历史上留下自己的痕迹;处于同一时间断层的社会现象则是在互相联系、相互制约的状态下共存。而语音、词汇、语法等构成语言的基本要素在历史上也会留下发展变化的痕迹,处于同一时间断层的语言基本要素之间则以聚合或组合的形式发生联系并反映语言要素的变体。因此,语言与社会的共变关系表现为在整体历史发展和某个时间断层状态下的经纬交错的复杂的网络形态。简而言之,语言不能离开社会存在,同时又会对社会的发展变化做出反应。特别是语言中特别活跃的词汇部分,对于社会变化的发生最为敏感。网络流行语,作为现代汉语词汇体系中最为新潮和奇特的部分,其产生与社会生活有着密切的联系。网络流行语产生的社会原因主要有以下几个方面:

一、经济因素

影响网络流行语产生的社会因素中,经济因素是一个重要的原因。根据认知语言学的观点,认知是语言的基础,语言是认知的窗口。经济活动始终是人类全部认知活动的主要组成部分,它决定了人类的生存和进化,而语言交际几乎是伴随着人类的经济活动产生的。英国著名语言学者 David Crystal 强调语言与经济的关系,他认为"一种语言成为国际语言主要取决于讲这种语言的人民的经济实力,尤其要靠军事力量开道,确立其国际语言的地位。一种语言要保持其国际语言的地位,巩固和扩大其影响,则需要经济实力"。英语作为当今网络世界的主要通用语就是最好的例证。

众所周知,经济基础决定上层建筑。作为上层建筑的意识形态之一的网络流行语,其产生和发展程度最终都是由经济基础决定的。目前网络流行语的使用者主要是年轻网民,他们是网络流行语的创造者和传播者。但必须满足一系列前提条件,他们才能在网上创造、使用、传播网络流行语。这些前提条件包括要先吃饱穿暖、有固定的住所,拥有电脑并且已经接入网络,同时还必须有一定的知识水平并且每天拥有一定的休闲时间等。这些条件无一不与经济挂钩。由此看来,网络目前在中国的飞速发展,正是中国经济飞速发展的侧面写照。

经济因素的另一个表现是,随着我国经济的改革和发展,出现了许多问题,这些问题也在网络流行语中留下了深刻的烙印。

二、社会革新因素

人类社会上每一次大大小小的变革,都会引起语言的变化,并留下痕迹。现在正是我国改革开放进一步深化的时期,可谓处于瞬息万变的飞速发展时期。特别是网络的兴起,对人们的生活以及生活态度和思想观念也有着很大的影响。同时,发生的一些社会大事,社会著名人物具有影响力的讲话以及文化思潮的流行,都会在网络流行语中留下深刻的印记。

(一)网络的出现和网民群体的形成

网络的出现和网民群体的形成,直接导致网络流行语的出现。网络,是随着电脑科技和互联网技术的发展而出现的,它是一个真实的"虚拟社会",其特点是时空维度的跨越性;开放性、自由化和个性化;虚拟社区参与者匿名性;高时效性。网络的兴起,直接导致了网民这个新兴社会群体出现。网民这个群体的特点是在网络交际过程中具有平等性、行为与责任分离、角色扮演的随意性,因而使其在网络这个"虚拟社会"中被幻化为一个"符号"(即代号,且具有不可确认性和虚幻性)。随着网络的出现和网民群体的形成,网络流行语的出现也就顺理成章了。

(二)社会事件的出现

一些社会大事的发生,社会著名人物的具有影响力的发言和文化思潮的流行,也在网络流行语中留下了深刻的痕迹。下列以2020年12月4日国家语言资源监测与研究中心发布的十大网络流行语中"逆行者""带货""云监工""奥利给""不约而同"进行说明。

"逆行者"指反向行走的人,常用于称呼面对危难挺身而出的强者,平凡人中涌现的无数"逆行者",用生命守护生命,深刻诠释着新时代英雄精神的内涵。这是由于2020年所爆发的世界范围内的新冠肺炎疫情的影响。"逆行者"在2020年网络流行语中占据首位。"带货"指明星、网红、互联网营销师等通过视频直播等途径对商品进行推销。各行各业人员加入直播带货行列,助力地方经济发展。其中最典型的例子就是由于新冠疫情的影响,武汉市为了恢复经济,由武汉市长亲自在网络上带货。"云监工"原指抗击新冠肺炎疫情期间,数千万网友在线观看武汉火神山、雷神山医院建设现场24小时直播,主动充当"云监工"。现泛指通过网络远程监督某件事的进展。"奥利给"是"给力噢"的倒读,因网络主播的使用而流行。作为感叹词,包含赞美、加油打气等多种感情色彩。"不约而同"原指没有事先商量而彼此见解或行动一致。因新冠肺炎疫情,该词有了新含义:不约会、不聚集已经成了大家共同遵守的规则。

虽然网络流行语存在于虚拟网络世界中,但现实社会中的各种事件、人物以及出现的文化思潮等,都会对其产生深刻影响并留下痕迹。

三、人际关系变化

列宁曾说过:"语言是人类最重要的交际工具。"他的这一论断,揭示了语言最本质的功能——交际。语言的产生就是以满足人的交际需要为目的。因此,无论语言如何发展、变化或是消亡,其作为交际工具的功能始终存在。而人际关系,是社会生活中的重要内容,也是人际交往的重要构成部分,它的发展变化,不可避免地会影响到语言自身的发展变化。网络,是一个由网民组成的真实的"虚拟社区",其中的人际关系和现实社会中有着很大的不同,这也导致了网络流行语的独特之处。

网络中人际关系存在于一种近乎绝对的平等性,这种平等性源自网络上的交际主体——网民的匿名性,即网民之间互相的交流建立在自愿平等的基础上,不需要提供准确、真实的个人资料,也无须缔结相互的责任契约。它的存在,使得网络流行语中,对网民的称谓语非常随意。从上面所总结的网络流行语来看,不像现实汉语中存在"先生""小姐""女士"等具有严肃意味的尊称。其所有的尊称很少,仅有的两个尊称"大虾"和"老鸟"都带有一定的嘲讽意味,而剩下的要么是自我嘲讽,要么是纯粹讽刺,如"菌男""霉女""菜鸟""青蛙""恐龙""版猪"等。同时,这种平等性引起的相互责任契约缺失,使得网民在创造使用网络流行语的时候,由于不需要对自己说过的话担负太多的责任,因而更加的随意而不会刻意遵守汉语语法规则和礼貌原则。这也导致网络流行语中出现了众多不规范词语现象和粗俗语言现象。

第四章 广播影视语言

第一节 广播影视语言传播

广播影视传播既是现代人类生存的一种环境,也是现代人类生活的一种方式,它总是处于持续不断地进行之中、永不停歇地发展之中。在这一背景之下,广播影视语言传播具有其特殊性,这种特殊性表现为语言的使用在生活、文化、社会等环境之外,还处于媒介环境和传播环境之下,媒介环境和传播环境是不断变化的,而且它们的变化会给广播影视语言传播带来决定性的影响。所以,要研究广播影视语言传播及其社会影响力,首先必须在媒介环境和传播环境之下廓清广播影视语言传播的特点及其在实践中所呈现出来的面貌。

一、广播影视语言传播的过程与特点

关于广播影视语言传播的特点和实践的探讨,需要在广播影视传播的模式这一框架下完成。广播影视传播是大众传播,所以关于传播的拉斯韦尔模式:谁(Who),说了什么(Say What),通过什么渠道(In Which Channel),对谁说的(To Whom),产生了什么效果(With What Effect)?同样适用于对广播影视传播的模式做出表达。模式中的言说者"谁",既是传播者,也是生活者,他的言说是作为传播者的言说,他言说的内容是作为生活者发现和感受到的内容。这就是说,在广播影视语言的传播中,尽管因为广播影视传播者的身份是先定的,但他要有所言说,就必须生活化,也就是必须返回到生活中去。当然,返回到生活中去的目的不是为了去享受生活,而是要自始至终保持传播者的眼光,在生活中找到适合于广播影视媒介附载,并经附载传播后能带来社会效应和社会影响的言说。由此看,广播影视语言传播一开始就意味着一个完整的过程,这个过程表现为传播者生活化——生活者媒介化——媒介者社会化。这是一个"入乎其内,出乎其外"的过程,这一过程无疑既体现着广播影视语言传播的特点,又

决定着广播影视语言传播的实践。

(一)传播者生活化

根据中国古籍记载,原始时代除了神话传说之外,还有不少诗歌、音乐、舞蹈三者结合在一起的语言艺术活动。最早的有葛天氏之乐。《吕氏春秋·古乐篇》说:"昔葛天氏之乐,三人操牛尾,投足,以歌八阕:一曰载民,二曰玄鸟,三曰遂草木,四曰奋五谷,五曰敬天常,六曰达帝功,七曰依地德,八曰总禽兽之极。"在这里可以看出,人类言说的目的是为了生活或者反映生活,因此可以说,语言是人与生活的媒介。人类创造语言以显示自身的存在,并同时作为自身生活的工具。英国哲学家洛克在探索人类理解力的过程中,探索了语言的起源。洛克说:"上帝既然意在使人成为一个社会动物,因此他不仅把人造得具有某种倾向,在必然条件之下来同他的同胞为伍,而且还供给了人以语言,以为组织社会的工具,公共纽带。""洛克将语言的产生视为神的供给,无疑有其时代的局限性,但他将语言视为组织社会的工具,也就是认识到了人类语言活动的目的是为了群体生活,又无疑开启了现代语言学研究的科学性。

人类一切的语言活动都是为了生活或者反映生活。从传播学的观点看,广播影视语言传播属于大众传播范畴,所以在传播活动中需要讲求一个传播的效果,也就是要求广播影视语言传播能满足大众的需求,能符合大众的审美习惯和兴趣,成为大众信赖并视为知己的传播者。生活是人生的主要目的,所以广播影视语言传播要想赢得大众的青睐,就需要将传播和大众的生活紧密联系起来。迈克尔·纳尔逊(Michael Nelson)在他的一本名为《黑暗天堂里的战争:冷战期间西方广播电台之争》的书中指出:西方的广播节目令人信服地展示了西方的美好生活,从而破坏了社会主义政权的稳固,并将听众与欧洲和北美的文化联系起来。纳尔逊认为,正是广播导致了东西方之间铁幕政策的终结,而绝不是外交或者全球经济。东欧剧变说明东欧社会主义国家一贯坚持的那种脱离大众的具体日常生活现实而灌输思想和观点的宣传设想,尽管它宣传的流量非常大,目的在于囊括个人和集体生活的全部,但在与西方生活化的信息传播的交锋中被证明是无力的。的确,任何一种传播,它的优越性、它的吸引力和亲和力都要落实和体现在生活中,体现在对人的生存状况和社会的整体状况的如实的反映中。还有,从文化学的观点看,广播影视语言传播又属于大众文化范畴,与精英文化强调个性化、主观独创性、不可复制性不同,大众文化强调的是它的可复制性,以及广泛的传播性和广泛的可接受性,所以广播影视语言传播如果过多地脱离现实生活,过多地去强调传播者自己主观意识形态的融入,就有可能使自己的传播在大众看来是无法理解的东西,而只能陷入孤芳自赏的尴尬境地。

有人曾说电视纪录片《英与白》是一部比较"怪异"的纪录片。没有故事,没有事件,时间的维度也不清晰。全部场景就是一个几十平方米的房间、一只大熊猫、一个人和一台电视机。把大熊猫"英"抓来,本来是要它为人类表演以显示人类的智慧和大熊猫的乖巧,可是后来发现这样对待动物,特别是对待大熊猫这样的生态指标物种是不对的,并且是通过立法禁止用于表演。若让它回归自然,它又因人为的训练已经失去了在天然环境中生存的能力,只好继续由人类养起来,寄生于人类社会。"白"训练熊猫的技能也因此变得毫无价值,自己原来的生活和工作目标丧失殆尽,仅仅成为一个饲养员。"英"与"白"的生活都异化了,他们在这种异化的生活中建立起了互相的认同。人与自己的同类开始疏远,反倒和异类亲近起来,人类大步前进的社会成了"英"与"白"共同异化的背景。这是多么有趣又多么令人震撼的现象。显然,这种震撼需要建立于对异化背景的深刻认知和感同身受之上,同时,片子为了表达一种主观的感受和观念,在表现手法上注重于运用解构、暗示、象征、对比、强化等手段,而忽视对时间和生活的逻辑做出前因后果式的语言交代,所以,《英与白》注定是属于少数人的纪录片,对于没有这一认知和感受前提的大众而言,所见的只是一只大熊猫和一个饲养员一天又一天几乎完全一样,枯燥单调毫无意义的生活画面而已。

在欧洲的某个纪录片节上曾经展播过一部两个小时的纪录片,从头到尾一个镜头,男的在看报纸,女的在削土豆。看到一个小时,情节没有任何进展,很多评委都出来喝咖啡了,只有一个评委坚持到底,看完后跑出来对大家说,最后女的用削土豆的刀把男的杀了。这个节目记录的应该说来也是生活中发生的事情,如果深挖这部片子的内涵,其中可能有很深刻的思想,但是没有情节冲突,也没有语言冲突,以单一镜头的延续构成整个片子,既偏离了电视传播必须表现现实生活中人们普遍关心的东西这一原则,又偏离了普通大众的接受习惯和审美需求,最后的结局因缺乏生活的过程和原因的呈现,而显得十分的突兀和匪夷所思。广播影视的任何一次传播,要使观众能够接受,首先它的传播必须具有某种生活内容的逻辑和确定性,而对于确定性的表达,语言是十分关键的手段。

从符号语言学的观点看,上文所提到的这两部纪录片也是一种语言传播,但这样的语言是纯粹的传播者的语言,它很少考虑传播的对象,即使考虑,也是极具精英意识的,但是精英意识并不意味着可以置广大观众的兴趣于不顾,可以置市场环境于不顾。如果传播者偏离了现实生活中人们普遍关心的东西,无视普通大众的接受习惯和审美需求,精英意识只不过是传播者面壁而立的形而上呻吟而已。广播影视语言传播必须扎根于现实生活,其语言传播方式必须与人们在长期的生活过程中形成的接受心理和习惯相符合,与人们的生活兴趣和愿望相符合。

广播影视语言传播者生活化的方法首先是要转变为写实性的生活化叙事。所谓写实性的生活化叙事是指真实地反映与人们生活紧密相关的现实,展现现实生活中人的生存处境、性格命运、言语行动,以及与人物命运共始终的事件经过,并由此表达出传播者与观众对于生活的某种共通的认识和思考。这种表现在广播电视的新闻和时事节目中尤为明显。写实性并非事实性节目的专利,虚构性的广播影视作品也同样具备这样的特性。譬如即使是虚构的历史剧其人物的语言也必定是当代生活中使用的语言,其中所反映的对于社会和人生的思考也必定以现实生活为据。借古人的酒杯来浇现实的块垒永远是一切历史剧创作的良苦用心。广播影视语言传播写实性的生活化叙事,是获取审美效应和传达意识形态的需要,也是赢得市场效应和广告利润的需要。CBS 历史上一个名为《星球大战》的广播剧,曾造成上百万美国人惊慌失措。人们认为世界末日已经来临,恐惧的人们哭喊躲藏、祈祷或者纷纷驾车逃跑。为了增强广播剧的真实效果,该广播剧故意混淆新闻与戏剧的界限。它采用了当时广播新闻最流行的"现场播报"形式来进行播音,一个纯粹的音乐节目被插播的紧急新闻打断:"现在播送临时新闻。最近,频繁出现的奇怪流星,据测是火星人的宇宙飞船,它们已在地球着陆。这些火星人都带有极具威力的武器,开始对地球进行侵袭。"接下来,节目又现场直播了人们观测到的火星周围的气流遄动、火星入侵者与美国军队之间爆发了冲突,全球范围内一些著名的为大家所熟知的地点被摧毁,包括纽约市和哥伦比亚广播公司的一些电台所在地。在某一个报道点上,一位 CBS 的记者报道了他发现这些外星生物的情况。这位记者说,这些外星人看起来像熊一样大,泛着皮革的光泽。他说:"不过它们的脸……哦,简直难以形容。我实在没法看下去了……"这位记者还描绘了这些火星人的行动和它对当地一个农庄很残暴恐怖的攻击。就在他试图接近背景音响中那尖锐噪音的发源地时,报道中断了。听众觉得他是被火星人抓住了。由于观众在以往的收听习惯中,形成了新闻一定是真实的这样一种认知惯性,广播剧中有意安排的音乐节目和新闻的紧急插播方式,完全让听众忘记了这是一个虚构的科幻故事,而把它当作了现实生活中真实发生的紧急事件,而一系列现实的地点上的现场新闻报道,以及逼真地制造出来的背景音,还有在人们心目中不会造假的权威科学家们提供的权威消息,这些精心的设计从头到尾将观众紧紧拽住,让观众深深地陷入到真与幻的迷失中而不能自拔。

除了写实性的生活化叙事,广播影视语言传播者生活化的方法还有口语化的交谈方式,也就是大量采用日常生活用语直接对观众说的方式来传播。许多广播电视节目实际上就是交谈,肥皂剧和情景喜剧的主要内容就是常处在家庭某一背景中的人们之间的交谈。电影的叙述方式则是向观众讲述故事,电影中的许多谈话既是剧中人物的谈话,也是向观众开放、观众在一定程度上参与的谈话。斯坎奈尔说:"电台和电视都是实况转播的媒体。同电话一样,电台、电视传输的讲话同声同时:讲的话即刻被听到。在收音机和电视的发展初期,全是现场直播的。广播和电视的谈话录音技术都是后来发展的。虽然今天许多节目都是事先录制的,但是它们都是以保留实况转播效果的方式来制作的……这种谈话本身就以交流为目的。在演播室等场合的说话人并不是在说给他们自己听,也不是撇开观众和听众关起门来私下聊天。"播音员、气象报告员、新闻广播员、访谈节目主持人等都是直接面对摄像机的,因此,给人的错觉是他们在亲切地与观众和听众面对面地话家常,而且广播电视中运用的口头化语言加强了这种直接交谈的感觉。科兹洛夫在谈起美国电视新闻主持人丹·拉瑟时说:"人与人直接交流给人的印象是如此之强,因而,比如说当拉瑟说'晚安'时,我很可能会对着屏幕应答说'晚安,丹'。"

(二)生活者媒介化

广播影视语言传播的传播者不能凭纯粹的主观设想去进行传播,而是必须据于现实生活,以现实生活为基础来传播。广播影视语言的传播者到现实生活中去,以生活者的身份去经历生活、感受生活、发现生活,但是在这一过程中又自始至终不能忘记自己作为传播者的身份以及所肩负的传播任务。

带着传播的目的去经历生活和观察生活,是为了完成对生活的过滤,这是因为广播影视语言传播者总是归属于具体的广播影视媒介组织,而一切的媒介组织都免不了具有一定的意识形态属性。托伊恩·A.梵·迪克在《作为话语的新闻》一书中,对20世纪80年代早期新闻界对阿姆斯特丹驱逐事件的报道行为进行了分析和研究。研究的结果表明,即使当时在现场观察的记者对当时情形的认知也是不完整的。这是因为,记者在观察中会有一个视角或角度,具体角度则有赖于记者所处的位置。在警察总署集合厅的记者观察的角度和在游行队伍中记者观察的角度就不一样。还有个人观点和情绪的具体影响,这些因素都可能干扰对事实的再现。例如,可以再现更多擅自占用土地者的行动细节,而较少地再现警方的行动。这个过程中又能涉及不同类型的划分:这些人或团体可以被看成是游行示威者或流氓,流氓们砸窗子是"又在滋事了",而警察狠揍流氓就不会被看成是不法行为,而是在合法地执行其职责——控制犯罪。从个人对各种情形中的行为及行为人的评价中,我们可看出事件认知中全社会共同认可的一些观点。这些具体的观点是一般观点的具体化,如"不允许砸窗子"。所以,事件感觉和解释是该事件在记者记忆中形成一个主观,但又受社会监控的认知模式。

很显然,大多数事件都不可能成为潜在新闻事件。迪克指出,这表明有一个功能强大的观察过滤器。这个过滤器或将大多数个人的、世俗的、常规的、小范围与自己主张或利益不符的事件和行为,或事件和行为的某些细节抛到一边去。换句话说,决定新闻事件过滤器的认知范畴,肯定要包括诸如公众、公众兴趣、差异性、非常规性、规模的大小、负面后果、制度化的新闻机构或组织的利益诉求等类似的因素。在收集新闻的过程中,记者会把该过滤器纳入他的控制体系,自上而下地控制着对当前的情势审视,这就是为什么事实上其他事件同样可观察到,但不可能成为潜在的新闻事件的原因。

并且,该过滤器还影响到对事实或事件的细节的关注和忽视,以及对事实或事件的语言表达构成,因此,新闻制作表现出事件和语言文本之间的相互影响。在这种相互影响中最终构建出一种特定的媒介组织的身份特征、一种特定的新闻事件之下的受众身份特征以及一种特定的历史背景之下的社会关系结构。譬如凯尔纳就曾明确地指出:"当今,电视是文化象征的主要表现者。电视上的图像既是主观规范性的又是客观描述性的。它不仅用图画展示社会上的新鲜事,而且还引导人们怎样去适应社会秩序。此外,它还表明如果不适应就会受苦挨罚。相同图像反反复复地再现产生了这样一个电视世界:传统就是准则,遵从是硬性规定。"

广播能保持现场的原声,使我们相信我们在倾听真实的谈话;电视具有自然化和写实性的效果,电视的视觉特征使我们相信我们是在直接地目睹世界;电影虽然经常通过假象的框架来构思情节,但是一切的构思都会基于现实生活的真实性和可能性。可话又说回来,广播中所传播的言说是有选择的,电视上的图像往往经过了删选,而电影的构思也只是很多种可能性中的一种,这就是说,广播影视语言传播并非完全地代表现实,而只是现实的某一侧面,只是由于广播影视语言传播中采取了"在多重音中突出主重音"的策略,使得我们毫不怀疑地把广播影视语言传播呈现的现实的某一侧面当作了现实的唯一侧面。菲斯克将广播影视语言传播的意识形态手法概括为:"从这个角度来看,写实性是一种真切自然地宣传主导地位的意识形态的、保守的表现形式。它努力使一切都表现出'真实'。'真实化'是一个将意识形态现实化或自然化的,而不是将它定为某一特殊社会和文化的产物的过程……写实的传统手法已得到了改进,以掩盖它所揭示的'现实'的虚构性,并因此而掩盖了反映于现实之中的意识形态的不合理性。将意识形态扎根于现实是一个不容置疑和改变的做法,因此,这也是一个保守的政治策略。"广播影视语言传播将意识形态现实化或自然化,意味着广播影视语言传播反映的意识形态并非真的是某一内容、思想,某组图像或声音,而是将思想、图像和声音组织起来的一套规则。通过这套规则生活者被编码,被媒介化,生活的种种可能性被排除,媒介化的真实被推到幕前。

(三)媒介者社会化

对生活进行编码,将生活媒介化,虽然融入了传播者自己的思考和认识,表达了传播者自己的主观意愿,但这并非主要的目的,主要的目的是要将媒介化的生活传播开来,在社会中发挥影响人的作用。麦奎尔等理论家指出:"全部大众传播研究建基于对媒介具有强大效果的推测上。"

早期的效果研究认为：大众传播的过程一方面是全能的媒介，发出讯息；另一方面是原子化的受众，等着接受。在这二者之间，别无他物。这种看法受到了第一次世界大战中宣传所表现出的力量的影响。在这种看法中，媒介的控制能力被完全绝对化了，媒介宛如传说中的魔笛，魔笛一响，一切全整齐划一地跟着节拍跳舞。媒介这种宣传的力量在当时甚至造成了恐惧。当哈曼德·拉斯韦尔关于第一次世界大战中宣传策略运用的博士论文于1927年刊行于世时，一位评论家称其为"一本马基雅维利式的教科书，应当马上予以销毁"。无情的事实是，宣传与说服的策略不但没有销毁，反而在随后的第二次世界大战中得到广泛的运用：通过使用宣传和说服的技巧，达到改变和支配人们态度的目的，媒介成为赢取战争的重要因素。

第二次世界大战以后，传播的效果研究出现了兴趣的转向，即转向对调节或中介因素——起过滤或折射作用的中介变量——的研究。卡茨和拉扎斯菲尔德1955年出版的研究成果《个人的影响》，被认为确立起了一种媒介社会学的范式。书中认为意见领袖是媒介和受众之间的重要"中介变量"。"大众传播一般并不作为直接产生受众效果的必要或充分原因而存在，而是通过许多中介因素发挥其功能。"

有一种看法，认为将视线从媒介引向受众的完全的逆转是由"使用与满足"学说实现的。"使用与满足"学说认为受众在某种程度上根据自己的动机和需求来选择被媒介"影响"的方式。这是个人主义的术语而不是通过与社会语境相联系得出的结论。

那么媒介的语言传播是怎样到达受众并产生效果的呢？格伯纳引入了"集体语境"一词，讯息（或讯息系统）通过对共享语词的培养形成集体语境，并成为公众之间互动的基石。在集体语境中，讯息系统的大规模生产和传播将经过挑选后的个人观点转化为广泛的公众观点，同时产生了大规模的公众。这些公众被持续的公众化所维持；维持的方式是提供给他们经过选择的信息和娱乐、事实和虚构、新闻，以及那些能够给人以幻想或帮助人逃避（现实）的材料。在对人们视野的培养上，这些东西被认为是"重要的""有趣的""给人以娱乐的"和"有益的"（或所有这些）。因此，对于大群体，由于它的人数太多或者分布太散而难以进行面对面或其他亲身方式的传播，公众化是共同体意识和自治的基础。现代大众传播所蕴藏的革命性意义是它的制造公众的能力，它超越了以前的时间、空间和文化的界限,快速、持续、渗透式地构筑了集体思考和行动的历史性新基础。

在格伯纳的理论中,大众传媒根据"是什么""什么是重要的""什么是正确的""什么是主流的观点"以及"什么和什么有关"来解释世界,并通过信息系统将解释传递给公众。这样,它们培养了受众对于信息的印象,同时也意味着受众的世界观最终被媒介所支配。

在格伯纳的理论之后,诺利·纽曼对媒介如何通过"什么是大多数人的意见"的暗示,来支配民意的行为做了研究,提出了"沉默的螺旋"理论;而麦考姆斯和肖则研究了——媒介如何影响人们在"什么是最重要的事情"上的看法——提出了"议程设置"(agenda setting)理论。

在沉默的螺旋理论中,诺利·纽曼认为大众媒介具有累积性、普遍性、共鸣性三大特质,三者综合在一起,便产生了对民意的巨大效果:人们通过媒介对何者是主导意见形成印象,对何种意见正在增强形成印象,对何种意见可以公开发表而不会遭受孤立形成印象。根据媒介给予的印象人们最后做出跟随还是沉默的决定。

"议程设置"研究,通过检视媒介议程以及开展受众访谈,的确发现了在媒介话题的优先度和受众话题的优先度之间的一致性。在议程设置模式中,议题的凸显度很重要。高媒介凸显度的议题也会被受众认为是重要的议题,低凸显度的议题的重要性就不会被高估,凸显度更低的议题则可能根本不会被受众注意到。因此媒介常常按照自己的动机,通过对凸显度的控制来过滤事实和观点,并支配受众的认知。

从研究"媒介对受众产生了什么效果"到研究"人们怎样使用媒介",其实都有一个前提:即把媒介看作是强迫受众一定行为——即购买行为发生的力量;或在公共事务意义上,迫使受众关于近期问题的"态度"发生改变的力量。只是在语言传播的实践中,前者将媒介与传播对象的关系视为子弹与靶子这样一种不对称的权力关系,因此语言传播会表现出明显的带有说教性的霸权特征;而后者承认了传播对象的主观能动性,在一定程度上视传播者和传播对象之间的关系为互动的主体间性关系,因此在语言传播中会表现出对被传播者的尊重,使语言传播的权力不对称关系变得更加微妙,这样语言传播的技术化要求也就更加明显,更加自觉。语言传播的技术化要求是由社会的民主化进程以及商业化进程所赋予的。

　　社会的民主化带来语言传播的民主化,语言传播的民主化意指消除话语权利和语言权利、义务和人类群体声望方面的不平等和不对称。语言传播的民主化,诺曼·费尔克拉夫概括为五个方面:语言和社会方言之间的关系,对于有名望的话语类型的进入,在具有不平等的权力关系的机构话语类型中消除明显的权力标志,偏向非正式性语言的趋势,语言中与性别有关的实践的变化。

　　具体到广播影视语言传播而言,表现为平民性节目和地方方言性广播电视节目的涌现。过去,一直由社会精英垄断广播影视传播的话语权,现在普通大众也开始拥有了广播影视语言传播的话语空间,城市市民,甚至乡下的村民或者经常出现在广播节目和电视节目中,或者成为电影的主角,理直气壮地表达自己对于政府、社会和生活的意见;过去,女性在广播影视语言传播中大多充当花瓶,以满足情色的需要,现在更多的是显示出了甚至比男人更出色的才干;消除明显权力标志的趋势与偏向非正式性的趋势紧密相连,做报告者和听报告者体现着一种明显的权力和地位不对称的主从关系,这种主从关系曾经被广播电视语言的传播所继承,日益增加的非正式的一个主要表现方式,就是广播影视语言的传播愈来愈具有一种谈话的性质,这是公共领域和私人领域之间界限的某种重要重建工作的组成部分。广播电视节目中的播音员、主持人,电影中演员所表演的人物,广泛地与他们的听众或者观众交谈,就好像他们正在与大批听众或者观众中的个体成员交谈似的,曾一度使用较为书面化的语言向大众说话的方式,日益受到个人化语言(即家庭口语特色)的影响。费尔克劳说道:"我想说明的是交谈实践……是社会实践变革的重要组成部分……媒体内容的来源和播放具有公开性,而媒体的接收却深深地打下了家庭与家庭生活的烙印,具有个人性。这两者之间还存在着矛盾和差距。由于公共实践和交流越来越照顾个人的接收情况,这一差距已经消除……这一发展的一个方面体现在媒体传递的公开交流已经"家常化""口语化"。广播影视语言传播的这种口语交谈方式所产生的一个影响就是公众领域与家庭个人空间的界限逐渐被打破。

　　如果说广播影视语言传播为了适应社会民主化的要求,实现了谈话话语由私人领域向公共领域的扩散,那么广播影视语言传播为了适应社会商业化的要求,又有了哪些主要的表现?所谓商品化是这样一个过程:借助于它,社会领域和机构——它们不是在商品只为出售的比较狭窄的经济意义上来关注生产商品的——而是根据商品生产、分配和消费而被组织起来,富有观念意义的。例如,正是在商品化过程中广播影视被视为产业,这里的产业涉及的是两层含意,一是为其顾客或消费者——受众生产、销售和推销文化商品,二是为其顾客或消费者——广告客户生产、销售和推销受众商品。为此,在广播影视语言传播中出现了两种策略化倾向,一是信息和说服的混合,在调查性报道和广告节目中表现最为明显;二是娱乐化、故事化,电影、电视剧、讲述性和谈话性节目最为常见,过去,广播电视的新闻报道借鉴报纸,采用与报纸报道相类似的模式,"以要点开头。要点通常由播音员说出来,然后再进行较为详细的报道。报道的编辑通常是一两名记者或通信员。电视台记者对于比较传统的叙事形式有时来个小动作:用一些总结性的评语给报道来个小结。像报纸一样,新闻报道的篇幅与故事的复杂性或对于理解它所需的信息量关系不大。报道的新闻价值越大,展开的细节就越多"。这一形式既没有谜底,也没有因果链,相反,结果或关键语先说,接着再提供一组没有特定顺序的细节。刘易斯称其为似购物单。现在,在广播电视新闻的报道中这种购物单式的叙述,正在被更多的故事化叙述所替代,它们以谜的方式开头,再一环扣一环地向结论深入,这样做的目的显然就是商业化的目的:为了更多地吸引观众,并且给观众留下更为深刻的印象。

二、广播电视语言传播的实践

广播电视语言传播以它自身的实践显示着它的存在,并在人类文化的长河中留下其独特的历史景观。广播影视语言传播是围绕着政治的目的性、社会的目的性、经济的目的性以及文化的目的性而展开的,为了能够尽可能完美地达到所要的目的,传播理念和传播技术的应用和进步变得至关重要。传播理念和传播技术在广播影视语言传播中的应用是内在性的,内在地将政治的目的性、社会的目的性、经济的目的性、文化的目的性融注于具体的广播影视语言传播现象中,内在地决定着广播影视语言传播的方式、形态和风格。

(一)重视报道风格的广播电视语言传播

广播在一开始是被人们看作消遣娱乐工具的,以美国哥伦比亚广播公司(CBS)为例,1938年10月30日晚,CBS在《水星剧场》栏目中播出的广播剧《星球大战》,这个描述了"火星人"入侵地球的科幻故事的广播剧却让成千上万美国人信以为真并引发了一场全国性的混乱。编剧兼演员乔治·奥森·威尔斯因此声名大噪,从此转向好莱坞发展,成为一个彻底的娱乐界人士。广播剧《星球大战》采用新闻报道的方式来讲述科幻故事的方式和影响,成为社会科学家热衷的一个研究课题,提醒人们要严格划清娱乐与新闻的界限。事实上从传统印刷媒体过来的埃德·克劳勃、保罗·怀特等为CBS建立起了一整套采编新闻的严格标准,即展示客观性、严肃地解释新闻事件并提供分析,他们清楚,像《星球大战》之类的娱乐节目,以及像《炉边谈话》之类充当权力的讲台的节目,是无法建立媒体在公众心中的权威性的,权威性需要媒体对于有影响力的核心事件发表有影响力的声音来获得。广播和电视都是实况转播的媒体。广播和电视的谈话录音技术都是后来发展起来的。在广播和电视的发展初期,新闻报道全是现场直播的。爱德华·默罗因为现场报道第二次世界大战而一举成名,他独创了战地现场广播、连续广播报道等口语广播形式。这些形式的创新,不仅真正发挥了广播的优势,而且使广播在美国成为合法、严肃、传播面极广的新闻媒介,改变了人们过去一直把广播只看作消遣娱乐工具的看法。这个过程从埃德·克劳勃、保罗·怀特到爱德华·默罗用了整整十年。

(二)重视主持风格的广播电视语言传播

重视报道风格的广播电视语言传播必须以新闻报道彰显个人风格和个人魅力,譬如在战争年代默罗以英雄主义赢得观众和声望,在战争之后,默罗又以锋芒主义坚持自己对于新闻的主张和对于社会的责任,但是在报道战争英雄主义和揭露国内腐败问题上受到的待遇却是截然不同的。当默罗以深度报道和调查报道成为一个大胆敢说的国内新闻报道记者的时候,他却成了公司的负担。

在默罗深深地感觉到自己的勇气和理智在种种的限制中无法痛快地施展时,在严肃、矛盾冲突尖锐的电视节目之外,尝试创办和主持了轻松的谈话节目《面对面》。默罗认为人们对名人和公众人物的生活有着强烈的好奇心,开办这样一个对不平凡人物访谈的栏目可以满足这种好奇心。为了尽可能地让访谈对象在节目中流露出他们的自然天性,默罗希望访谈能在"排除电视干扰"的情况下进行,也就是说要让嘉宾和主持人都忘掉摄像机的存在,在大众传播媒介上重新恢复面对面谈话的魅力。《面对面》节目中谈话主题刻意避免对政治和时事进行深入讨论,谈的都是这些公众人物们的日常生活和琐事,谈话相当开放和随意,话题经常转换,避免在一两个问题上纠缠不休,气氛非常轻松。《面对面》节目的拍摄一般要使用2～6台摄像机,在一期节目中,谈话地点往往会有改变,但都在嘉宾的家中。如从起居室挪到会客厅,或者从门厅到收藏室等。比如,马龙·白兰度那期就是这样。一开始,是在马龙·白兰度家门口,从那里可以看到洛杉矶的美丽夜景,然后谈话地点转到他的卧室,最后又来到楼下的客厅,那里有一群朋友等着和马龙·白兰度一起演奏音乐。那个时候,这种风格的访谈对于名人采访来说可谓是一种历史性的突破。访谈中有些问题可能是事先准备好的,但是回答却是即兴的,在很多情况下,节目能否成功取决于嘉宾和主持人能否真正放得开,取决于他们对访谈的氛围是否感到舒服。默罗认为,家是一个人最放松也最容易展现自己真实性格的地方,所以他坚持要在嘉宾们的家中进行访谈,在访谈中既尊重嘉宾,又不卑不亢。《面对面》创造了一种独特的氛围,它是一个重要的尝试。通过它,人们认识到,电视媒体也可以表现出个性化的人际化传播。《面对面》节目是脱口秀节目的前驱,它以轻松和随意的主持风格呈现出对于严肃和尖锐的报道风格的疏离,一些人对此难以理解。他们说,默罗怎么能做这种琐碎、没有深度的访谈呢?他怎么能在采访中就像和朋友聊天一样,带出"嗯嗯啊啊"的口头语呢?在他们看来,《面对面》这样的节目对于默罗以前树立的新闻精神化身的形象来说,是一种不必要的负担。

实际上,《面对面》节目在报道风格主导的广播电视语言传播中显示出了主持风格的另一种魅力。但是主持风格要想大出风头显然还需要一段时间,一是主持风格要摆脱报道风格的影响,显示出自身独具的和成熟的风格需要时间;二是主持风格的用武之地是脱口秀节目,而脱口秀节目的大量涌现需要传播技术,包括演播室录播和剪辑技术的发展。基于电视直播的理念,默罗坚持在嘉宾家中访谈,在卫星技术不发达的年代,只能是把转播电缆从转播站一直拉到嘉宾们的家里,其困难和成本之高是可以想见的。之后的一段时间,谈话节目主持人大都在主持人和记者双重身份中,以及在主持和报道双重风格中不停地转换。譬如华莱士在《夜间出击》的谈话节目中,其易于激怒对方的提问、锐利的谈话风格和个性鲜明、打破砂锅问到底的调查式采访风格相得益彰。仅仅用一个黑色的背景和手中的香烟营造出来的氛围中,华莱士或尖锐或淘气的问题总是弄得他的嘉宾局促不安。大多数嘉宾都在他步步进逼的追问和节目现场刺目的灯光下大汗淋淋。

默罗为电视谈话节目确立起"排除电视干扰"的理念,这一理念被之后的谈话节目主持人视为信条,像拉瑞·金就发扬光大地强调在脱口秀节目中做到主持人的"零度参与"。瓦尔特斯在1970年出版了她写的畅销书《怎样与任何人谈任何事情》,这本由电视谈话主持人出版的第一部书,成为后来的谈话节目主持人模仿的典范。瓦尔特斯和ABC签订100万美元的合同,成为ABC的节目主持人,而这笔经费的一半由新闻部支付,一半则由娱乐部支付,一个"新闻业和表演业的界限被永远消除"的电视时代开始了。接下来脱口秀节目开始大行其道。为了强化节目的娱乐性,达到更加吸引观众的目的,瓦尔特斯在访谈中经常提出一些过分亲昵、不合礼仪的闲话式问题。以这类问题取悦观众的做法造成了今天访谈节目的小报风格。一个特别引起争论的问题是她在访问卡特时提出的:"你们是睡两张单人床还是双人床?"但由于收视率飙升,瓦尔特斯还是推动了一个潮流的兴起,随着她的影响力和声望日增,大批特别节目跟着出现。

正所谓各领风骚数十年。脱口秀主持风格的潮流泛涌,招来了批评。早期的批评者之一是宗毓华,她当时在华盛顿为CBS工作。她指出,瓦尔特斯只是一个访问者,一个脱口秀主持人,做的是特别节目而非新闻报道,而她宗毓华和其他新闻工作者则"在实地进行采访,然后回来把新闻报道出来"。具有讽刺意味的是,在大约二十年后,宗毓华本人也成为"一个访问者和脱口秀主持人"。

伯哈农说:"广播谈话是靠市场驱动的",当然,电视谈话节目也是这样。报道风格向主持风格的转变,也是新闻业向娱乐业的转变。尽管许多谈话节目主持人,尤其是社会问题型节目的主持人,都把兴趣放在为公众提供信息和鼓励真实对话上,但是广播和电视台老板更关心电台和电视台的净收益。如果信息和对话就是人们想要听的,能吸引听众和提高收视率,可以赚到更多广告费的话,那么他们觉得很好;主持人为了老板们的这个目标,在节目中加入娱乐成分或干脆就把节目转变成娱乐节目也就理所当然了,在这种目标之下,主持风格的娱乐化和表演化愈演愈烈。

(三)重视媒体风格的广播电视语言传播

在市场的驱动之下,广播电视语言传播的竞争越来越激烈,而传播技术的发展使在一个区域中经卫星传输和网络宽带传输的频道数大大增加,当人们打开家中的收音机或者电视机可以在几十乃至上百个频道中做出收看的选择时,人们的收看指向就不再是以栏目为单位,而是变成了以频道为单位。广播电视语言传播的竞争也就由主打栏目的竞争转变为差异化的频道竞争。因为合成的整体的效应比分散的个体的效应要大,合成的整体所带来的效益也比分散的个体的效益要强。

差异化的频道竞争要求以多个风格相似的栏目集群构成独具特色、个性鲜明的频道整体形象,而频道的风格和形象最终构成媒体的风格和形象。以电视为例,收看电视某个频道,这其实是观众的一种生活方式,那么在观众眼里,频道就应该是一个生活的售卖场,也就是说频道售卖的就应该是各式各样的生活。事实上,从我国电视业界的现状看,目前比较有特色有影响力的几个频道,譬如湖南卫视的娱乐牌、四川卫视与重庆卫视的故事牌、江苏卫视的情感牌、东方卫视的新闻与经济牌、海南卫视和云南卫视的旅游牌、河南卫视的武文化与戏曲文化品牌等,没有哪一个频道不是在做生活的文章,没有哪一个频道不是在贩卖生活。只是贩卖水平的高低不同而已。频道要做贩卖生活的高手,就需要善于去了解观众生活方式上的需求,将生活的文章在频道上做活做透做到位,做出自己的特色、风格来。

费克斯认为,观众收看电视节目的过程是消费的过程,同时也是工作的过程。按照自身的需要,通过对电视节目的解码,观众成为意义、快感、文化资本的生产者。也许观众的爱好千差万别,但把看电视当作一种生活方式,实质上不外乎三个方面的需求:

1. 掌握生活

当今生活变化的节奏如此之快,影响生活的因素日益多样而复杂,所以观众需要及时地掌握与自身生活相关的信息,需要有及时的指导和帮助为他们的生活排忧解疑,释疑解惑,提高他们的生存技能,保障他们的生活质量和安全感。社会、世事、人生是一部永远需要解读的书。解读时事,解读军事,解读文化,解读时尚,解读名人,解读世态炎凉,出彩的"阐释性语言传播效应",让凤凰卫视成为叫好又叫座的品牌。阐释性语言传播效应强调一种个人对于事件的看法和观点,看法和观点基于可靠的信息以及科学合理的分析,从而具有可信度和权威性。

2. 品味生活

每个人的一生都要经历很多的故事,都会品尝生活的酸甜苦辣。回味生活的故事,品味人生的情感,是观众的另一种需求。要满足这种需求就需要在节目中强化故事性,构建起情感链条,使观众被故事和情感所吸引,在故事中受到教益,在情感中得到洗练。做伴随人的媒体,与民众同行,分享喜乐、分担忧愁,围绕这一核心理念,江苏卫视大力弘扬积极的、健康的、民族的情感,在全国受众中确立了情感天下的品牌形象。

3. 玩转生活

生活有时是沉重的,有时又需要有轻松与玩乐相伴随。玩转生活是老百姓生活的另一种态度和需要。娱乐性栏目,为老百姓提供一个玩转生活的舞台。娱乐节目主持人的语言既活泼、时尚、富有动感和表演性,又机智且不失幽默,她们善于发现并及时地通过语言调动一波又一波的娱乐因素,让大家自始至终都能玩得很投入很开心。在节目上做好文章,会使频道充满活力,会使观众把你的频道当成需要时常光顾以放松自己的游乐园。

频道即生活。这就是频道定位所必须努力把握的一个方向。生活具有多侧面性和多层次性,准确把握生活的某个侧面和某个层次,而且把它落实在频道里的每一个栏目上,每一个栏目的每一期节目上,构建频道作为生活售卖场的个性与差异性,实现频道专业化与大众化的统一,频道才有可能真正为观众所需求和喜爱,观众才有可能积极地甚至忠诚地参与到频道和节目的消费过程中,帮助频道经营者最终生产出尽可能好的效益。

达拉斯·斯密塞指出,媒体公司的使命其实是将受众集合并打包,以便出售换取广告费。因为如此,媒体经济被称为影响力经济、注意力经济或吸引眼球的经济。无论是影响力经济,还是注意力经济乃至吸引眼球的经济,其实都昭示着媒介经营中必须花大力气去做的事情:想方设法制造效应吸引尽可能多的受众。在这一点上谁稍胜一筹,谁就能够占尽上风。

频道化经营着眼于频道栏目的整体效应和整体风格。整体效应需要在策划、采制、编排、包装、宣传、推广的合力中营造。一个节目播出时,有从画面叙述到主持人介入,从一个板块到另一个板块的转换;一个频道播出时,有从节目到广告,节目到节目的转换。这种从一个类目到另一个类目的跨越,给观众的接受带来困难,为了缓解这种困难,列维·斯特劳斯提出"跨界仪式"的概念,

"跨界仪式"就是要求采用系列的语言方式构建精致的组合转换手法,使观众在不知不觉中随着类目的改变做出相应的观赏心态的调整。在过去的频道运作中似乎有一种失误,就是把频道和栏目当成箩筐,不管什么都往里面装,装满了就行。其实这是忽视了"跨界仪式"的作用,同时也是对频道和栏目最本质的特征缺乏认识。在西方文化学派的代表人物雷蒙·威廉斯看来,电视节目看上去各种画面纷至沓来,但其实它仍然是一个连贯的文本;任何电视节目都应该是一个有内在关联的合理的流程。一个频道让观众看上去觉得没有特色,一个节目让观众看上去感觉很凌乱很别扭,就是因为没有很好地把握"流程"二字。频道要在栏目与栏目的衔接上,在广告与节目的组合上,在文字、声音与画面的搭配上,在整体形象的包装上把握好"流程"二字;栏目要在整个的环节设计和板块设计上,在主持人与栏目风格的搭配上,在画面叙述和主持人介入上把握好"流程"二字。加汉姆说:"文化消费,特别是常见的大众文化,无论是叙事的,还是音乐式的,都消耗一定时间,它们都是基于对时间的控制的。"消费时间的稀缺迫使电视经营者十分重视对观众的争夺,希望观众能长时间固守在自身的节目上。只有频道和栏目流程合理了,组合到位了,整体效果明显了才会让观众感到顺眼顺心顺意,频道才会真正做到有效应,出效益。前面说到频道是一个生活的售卖场,如果一个超市里,商品摆放混乱,毫无条理,必然会为顾客带来不便,商品的销售就会成为问题,强调频道和栏目的合理流程,实际上就是要使频道和栏目的销售方式是最好的、最科学和最便利的,是顾客观众最易于和最乐于接受的。

当前广播电视正处于频道个性化、风格化时代,一个广播台或者电视台的影响力和受众群,是由自己所拥有的频道的形象和影响力所决定的,多个风格相近而又功能不同、形式相异、各有侧重的品牌栏目链接成频道的整体效应是很重要的。如果一个频道的整体风格、整体效应有了成功的构建,那么,频道同时也就有了固定的口味相近的受众群体,频道需要珍惜这个群体,进一步培育这个群体,巩固和扩大这个群体。所以电视学者布卢姆斯曾经指出:"电视制作受竞争驱使的多频道电视体系影响,导致在努力树立一个鲜明的频道形象中节目革新的幅度会更大。"而且一切的革新都必须紧紧围绕激发整体效应这个核心来做。如果节目的开发和进入没有注意与频道的整体风格、整体效应相和谐,就会是失败的,同时也会给节目所进入的频道在形象上、效应上带来一定的伤害。

在新媒体的影响下，电视以时序线性呈现的频道风格将发生改变，未来的电视传播模式将会呈现出基于视听特色的线性频道排列与空间版面排列相结合、基于视听特色的信息推介服务模式与信息搜索服务模式相结合的库容特征。

三、电影语言传播的实践

1895年法国卢米埃尔兄弟在银幕上放映与现实生活一模一样的"影子"，这一发明的问世标志着电影的诞生。卢米埃尔兄弟声称他们所做的一切"只是再现生活"。他们忠实地摄录生活的美学主张，抓住了电影最根本的特性——活动照相性，而排斥了电影的综合性、假定性、叙事性。梅里爱是第一个把戏剧艺术中的人物、情节、冲突及舞台上的所有要素引入电影的人。梅里爱首先使用了一整套剧本、导演、演员等制度，发明了慢镜头、快镜头、叠印、二次曝光、场面转换等摄影特技，以及在摄影棚里画布景和演员编排表演等舞台技巧，这些后来成了电影的基本手法和叙事的语言。梅里爱作为电影表现美学的开创者，将电影由一门再现现实生活的活动照相术升格为一门可以表现现实生活的艺术。从再现的电影到表现的电影，都存在着一个创作者和现实生活的关系的问题，因处理关系的叙述方式的不同，在世界电影发展史上，出现了以好莱坞电影为代表的经典化叙事和以欧洲作家电影为代表的个人化表达两种类型。

（一）标准化的电影叙事

电影从诞生之初就表现出浓烈的商业气息。在商业利益的驱使之下，美国镍币影院发展起来，电影放映市场形成规模，为美国电影的发展提供了稳定和强实的经济动力。格里菲斯编导的电影《一个国家的诞生》《党同伐异》，汇集了交叉剪辑、平行移动、特写镜头等当时电影叙事的各种技法，将传统的平行叙事手法以及线性因果叙事法则电影化：在宏观的结构布局上，情节按照"开始、发展、高潮、解决"做出环环相扣的安排，充分运用电影时空高度自由的特性，将几条叙事线索平行交替展开，形成各叙事层之间的张力和悬念，营造紧张激烈的戏剧性效果；在微观的场景处理上，采用不同景别、镜头、角度，来展示人物关系，推动情节发展，渲染情感活动。

电影《赖婚》中，当女主人公冲出家门，流浪在大风雪中时，故事达到高潮。她在漫天大风雪中无目的地游荡，越来越疲乏，最后晕倒在结了冰的河上。男主人公到风雪中去找她，黎明时也来到了河边。夜间的春风把河上的冰溶化了，向各个方向裂开。女主人公躺着的冰也漂到了河中，并继续向一处大瀑布漂去，男主人公绝望地沿着河岸跑。两组镜头交替出现，节奏越来越快。男主人公从一块浮冰跳到另一块浮冰，非常困难地保持着身体的平衡。女主人公越来越快地漂近瀑布，水流的速度越来越快，当她躺着的冰块即将跌入瀑布的千钧一发之际，男主人公跳到她跟前，一把抓住她，把她平安地拉回到岸上。这就是用平行蒙太奇，通过节奏和场景的交替变化创造的有名的"最后一刻营救"的电影组接模式。其中的场面是分几处拍摄的，一处是落差很低的小瀑布，浮冰是木头做的，中间插入的大瀑布是尼亚加拉大瀑布。给观众的错觉好像女主人公正向奔腾的尼亚加拉大瀑布漂去，这种揪人心肺的艺术效果后来被称为电影最高的表现形式。格里菲斯的电影体现出了他对电影作为一种表现媒介的叙事力量的深刻理解，在他的努力下，真正电影化的叙事文本形成了。

在产业化的发展中，美国好莱坞电影得以迅速崛起，独领风骚。好莱坞电影称雄世界的关键在于创造了制片人制度，将工业大生产的流水线作业方式运用于类型化的电影创作。类型电影是指一组拥有相似的主题、情节、人物、场景和电影技巧的影片，这些相同或相似的元素在不同的影片中重复出现，一方面让电影制作者驾轻就熟，另一方面也让观众大有重晤故旧的亲切之感。至于后来围绕着保存下来，可以反复运用的拍摄场地，形成一种被称为影视城的产业则可以说是类型化电影初衷之外的收获。好莱坞类型片有西部片、强盗片、歌舞片、喜剧片、恐怖片、科幻片、灾难片、战争片、体育片等。不同类型以题材和技巧区别开来，对于故事的重视却是它们共有的特征。围绕着故事的叙述模式好莱坞电影形成了标准化的电影叙事系统，尼尔·巴奇在《实用电影理论》一书中称之为"表达的程序性格式"。在好莱坞标准化的叙事系统中戏剧化的故事结构是围绕谜和解谜的基本结构来组织的，是由类型化、个性化的人物行动来推动的，是在连续性剪辑建构的时空和逻辑中完成的。

当一个讲故事的人要强调某些细节的时候，小说家是用文字详尽地描述出来，戏剧演员用语言大声地讲出来，而电影则是运用镜头，让观众自己去看这个细节。拍摄的场景一旦被分为远景、中景、近景和特写镜头，摄影机就摆脱了被动纪录的处境,成为一种独立的造型工具和叙事手段。连续性剪辑常常是由单一镜头的溶来实现的。溶是惯常使用的代表短暂但明确的时间流逝的电影语言。按照故事发展的需要,把远景、中景、近景、特写等镜头剪辑到一起,利用镜头长度、景别的变化和上下镜头中景别、动作的关系,形成了一般叙述和重点叙述交替发展的画面和节奏,电影这种以运动为主的艺术就有了无限的时空和叙述的自由。在《一个国家的诞生》中有一个情节,三K党头目卡梅隆全家被北军包围了,影片先用大远景拍出一所孤零的小屋站立在荒原上,然后不中断地把小屋推为中景,拍出被围困者从屋里注视外面的紧张场景,再推到中近景拍摄屋里人物的面部表情,再推为特写镜头,表现屋里的物品摆设,然后又回到全景,来结束段落叙事和展现新的时空关系。这种由远到近、由大到小的叙事方法是根据人的视觉思维心理的定式确定的,后来成为电影数十年信守不渝的经典手法。格里菲斯说:"这种手法乃是狄更斯描绘人物的惯用手法,唯一不同之处是我的故事是用活动形象来叙述而已。"

好莱坞标准化的经典叙事将虚构的主角作为故事的主要代言人,通过镜头的精心安排,好莱坞电影煞费苦心地既能让观众的目光大多数时候凝注于中心人物之上,又能让观众在恰当的时候置身于这些中心人物之外。这一点突出表现在摄影机的正/反拍(被摄对象)镜头叙述模式和全知的叙述模式的交互运用。一方面,在正/反拍镜头中,影片让剧中人直接为观众组织戏剧性空间,只有剧中人在看的时候,观众才在视觉上看到剧中人所看到的物理空间,从而直接鼓励观众和剧中人物产生强烈认同,观众在某种意义上说也就成为剧情动作的参与者。但另一方面,当摄影机采取全知的叙述模式时,观众对剧情的了解,就远远大于剧中人对剧情的了解,一种对剧中人身陷彀中而不自知的关切和担心被调动起来。观众在"这种入乎其内,出乎其外"地来回往返中,体验着一种电影的戏剧性高潮,体验着一种前所未有的唯有电影才能给予的强烈的文本的愉悦。

(二)个人化的电影话语

一般认为,标准化的好莱坞经典叙事情节可以分为破题、纠葛和解决三个部分。威尔斯·茹特在《电影剧本写作》一书中曾分别对以上三部分做了阐释。他认为,在叙事第一部分中,编导的主要目的在于"破题",即介绍剧中的明星人物,介绍他的对手,设置一个矛盾和危机。在第二部分"纠葛"中,则着重展示矛盾纠葛如何加强剧中英雄的困难与危机。为了加强悬疑感,威尔斯·茹特指出,编导在创作中,不仅要注意展示剧中正反主人公的能量和目的,而且还要着重刻画剧中人物所面对的险恶处境,即如果困难或危机没有得到圆满的解决,他们将遭到什么样的损失。第三部分"解决"中,则重点展示主人公喜剧或悲剧性地解决矛盾或危机。

破题、纠葛、解决既构成一个一般化的叙述框架,也确定着事件发展以及人物命运因果联系清晰、令人信服的时空和逻辑关系,而且这个不断演进的事件的时空和逻辑关系是由类型化的正反人物之间的冲突,期望发生的事情和实际发生的事情之间裂开的鸿沟来推动的。经过一番惊心动魄而又回肠荡气的冲突后,最终会依据大众传统的价值判断和对剧中人物的认同,出现一个约定俗成的结局,这个结局就是善有善报、恶有恶报,有情人终成眷属等。

经典好莱坞电影总是使尽浑身解数,动用一切可能的电影(故事、人物、表演、形体、对话、摄影、美术、音乐、服装、化妆、道具和灯光等)和非电影(广告宣传、社会活动和私生活等)手段来宣扬明星的魅力,将明星某一方面的特征包括才华、魅力和亲和力等推向极致,为观众提供视觉心理上的愉悦以及流行文化的精神支点,所以经典好莱坞的男女明星都有自己特有的个性类型:如葛丽泰·嘉宝的孤傲神秘、玛琳·黛德丽的幽怨冷漠、丽达·海沃丝的妖艳放荡、英格丽·褒曼的圣洁端庄,还有克拉克·盖博的成熟和玩世不恭、罗伯·泰勒的英俊潇洒、加利·格兰特的浪漫温情、约翰·韦恩的刚直勇猛等。

经典好莱坞电影在叙述框架的构成上、人物命运的安排上、明星魅力的打造上所遵循的标准是大众的标准,这个标准是在与大众的互动中,依据大众的审美习惯、爱好、期待不断修正和完善故事公式以及叙事技巧后形成的。经典好莱坞电影经历了三四十年代的极盛之后,在20世纪50~60年代开始走向衰退,这是因为在"二战"后成长的一代,受过更好的教育,更具有个性,也就更缺乏娱乐工业所要求的大众的规模和统一性,好莱坞很难为这批观众制作标准化的产品。于是以美国新好莱坞电影和法国新浪潮电影为代表的个性化电影开始涌现并形成规模。个性化电影的特征是它们否认被大众兴趣所左右的隐而不见的叙事陈规。如果说经典好莱坞叙述原则力图通过对公共话语的认同而隐蔽其个人的创造,那么新好莱坞及新浪潮电影所力图张扬的,恰恰是与传统叙事法则格格不入的个性化的艺术创造，通过对好莱坞经典叙事模式，以及好莱坞经典叙事模式所建构起来的价值判断的颠覆，体现出一种现代主义的特性。

在阿瑟·佩恩的《邦妮和克莱德》中，主人公以吸毒、性解放、抢劫银行等方式向社会挑战，最后在影片刻意的慢镜头中，警察将主人公打得浑身是洞，然后又得意地围观被射杀的主人公在血泊之中的挣扎，警察这时给人的感觉不再是传统的代表着正义秩序的英雄，反而成为没有人性的冷血动物。斯科西斯的作品《出租车司机》中，越战退伍军人德·尼罗被越战紧张症困扰着，成为暴力和死亡的复仇天使，迷恋于以鲜血来洗净纽约夜生活的罪恶，影片对德·尼罗自杀式的暴力进行个人化的、迷恋式的处理，产生出极具现代意味、令人震惊的艺术效果。无疑，对警察形象和暴力观念的反传统处理表现出了影片在价值判断上的离经叛道，而弗朗西斯·福特·科波拉在《教父》续集中，为了将过去和现在、回忆和联想衔接起来，表现出的则是影片不再遵循经典叙事那种按照事件的自然次序组织情节时空的叙述原则，通过大量运用诸如意大利西西里岛、内华达州塔霍湖、纽约小意大利区、迈阿密海滩、古巴哈瓦那、首都华盛顿等闪回镜头，表现出多层次的时空概念，形成独具一格的现代叙述结构。

新浪潮有人称为"首先是一次制片技术和制片方法的革命"：选择非职业演员，大量地采用实景拍摄，打破了戏剧冲突观念而主张非情节化、非故事化，积极倡导以导演个人风格为主的制片方式，镜头语言方面，新浪潮信奉"非连续性哲学"，认为生活是散漫而没有连续的事件的组合，拒绝传统的戏剧式情节，拒绝遵循诸如远景、中景、近景等传统蒙太奇语法，倡导采用长镜头拍摄和跳接式剪辑。特吕弗的《四百下》，大量采用长镜头来表现主人公逛马路、逃学、撒谎、漫步沙滩等一系列毫无戏剧性可言的日常，整个影片平淡得如同日常生活无数平淡的一天一样，体现出一种"生活流"的美学追求。戈达尔的《狂人皮埃洛》，把布莱希特的"间离效果"理论推向极端，抛弃合乎逻辑、顺应正常心理习惯的剪辑次序和镜头连接，转而采用跳接、自我介入等主观随意手法，即使在不需要剪辑的地方，影片的镜头还是常常推进拉出、闪回闪前，交叉剪辑和跳接，以一种藐视传统镜头语法的叙述方式，表现主人公那种充满着青春的骚动与反叛。安东尼奥尼的《奇遇》叙述了安娜携女友克劳蒂亚与恋人桑德洛旅游的故事，当安娜意识到自己与朝三暮四的桑德洛的爱情实质只是一种空洞的性爱而突然失踪之后,旅游变成了桑德洛与克劳蒂亚产生新的性爱关系的奇遇。全篇拒绝交代桑德洛、克劳蒂亚和安娜的行为动机,拒绝交代安娜为何突然失踪以及失踪之后的下落。安娜的失踪于是成为一个虚假的悬念,传统故事叙述中必然存在的矛盾、冲突和结局三部曲,在《奇遇》中被一一解构,"这无疑是摧毁了两千多年的剧作传统"。

新好莱坞和新浪潮确立的个人化电影话语,在对生命存在的深刻思考和对电影语言的现代性探索中,把现代意识和哲学理论带入电影之中,把电影从种种束缚中解放出来,大大丰富了电影的风格、表现手段以及表现力。科波拉在《现代启示录》中,为了突出特种部队叛逃者柯兹对战争恐怖的愤怒和绝望情绪,影片对他采用了测光低调摄影,脸部基本上半明半暗,给人一种压抑神秘的感觉,在色彩上有意使画面偏红黄,诸如橘红的烟雾、肉色的人体、血红的太阳和不时耀眼的强逆光,都给予一种野蛮、燥热、嗜血的感觉。该影片被称作在现代意识的体现上,在某些方面超越了哲学和文学所能达到的境界。伯格曼《第七封印》融写实、绘画、舞台场景于一炉,探求了存在与虚无、生命与死亡等哲理,其深刻的思想、独特的构思及浪漫的风格,被誉为"伯格曼用镜头影像创造的《浮士德》"。安东尼奥尼偏好创造性地运用镜头画面的色彩、调子和意境,来传达人物情绪、渲染气氛,同时赋予画面象征化的表达力。为了表现人物的异化和内心世界的孤寂、彼此难以沟通,安东尼奥尼在《奇遇》等现代主义影片中要求演员基本上不用语言而只用眼神、手势、体态来表情达意,其中女主角扮演者莫尼卡·维蒂那种柔若无物、缺乏自制力的懒散孤独形象,恰到好处地传达出影片试图表现的当代人的迷茫无聊的思想状态。与此同时,影片拒绝使用主观镜头,不再从剧中人物的视角去拍摄场景。这样既表现出人物与环境的隔膜和疏离,也阻止了观众对人物的认同与共鸣,大量的缺乏生气的空镜头也就充斥于整个影片。安东尼奥尼认为:"如果说什么是我经常做的事,那就是把镜头对准无生命的物体,而不是对准人物,使事物显得抽象,并说明人情是多么淡薄。"异常缓慢的节奏和长时间的静默也就成为影片叙述的基调,以至于费里尼在观看《奇遇》后感叹道:"影片的魅力在于它的外观,在于它的刻意求工。它们产生了一种特异的效果,非常高雅,但非常冷漠。"

(三)电影语言的范式

1911年,意大利文艺理论家利西奥多·卡努杜发表了《第七艺术宣言》,将电影定位于"第七艺术",提出电影是一种语言。他在《电影不是戏剧》一文中指出:"电影是新的、年轻的,它正在牙牙学语,在寻找自己的语言和文字,它使我们带着已有的心理复杂性去看到一种伟大的、真正的、至高无上的、综合性的语言,一种不能依靠声音来辨析的视觉语言。"20 世纪 30 年代,法国先锋派导演阿培尔·冈斯在《画面的时代来到了》一文中将电影喻指为象形文字。他说:"电影把我们带回到原始时代的表意文字,它通过每件事物的代表符号把我们带回到象形文字,电影未来的最大力量很可能就在这里。"三四十年代,美国鲁道夫·爱因汉姆的《电影作为艺术》、英国斯波蒂斯伍德的《电影语法》、法国贝尔托米的《电影语法论》和 R. 巴太伊的《电影语法》,都是电影语言研究的重要著作。当然还有苏联导演爱森斯坦的有关著述,如《蒙太奇在一九三八》。法国电影评论家安德烈·巴赞在《摄影影像的本体论》中也强调"电影还是一种语言"。50 年代法国电影理论家马塞尔·马尔丹总其大成,出版了《电影语言》一书。说电影是种语言,本来是种比喻,却势不可挡成了本体论。

  麦茨认为,与人们使用的口头和书面语言相比较,电影不是一种"语言",因为它缺乏完全抽象出来普遍使用的语言系统,也不能完全用日常语言的模式对电影做出解释。但是,从符号学对符号系统进行研究的角度看,电影毫无疑问地又是一种"语言",也许"交流系统"比"语言"一词更贴切。由此看,从语言的角度去研究电影显然是基于经验。人是符号的动物。人们从传统语言的交流和传达中形成了基于语言经验的认识和逻辑。而电影无论怎样新式,仍然是一种交流和传达的方式,一方面,在电影的建构和传达中也必然会因袭语言传达的经验和习惯,按照语言实践所形成的内在逻辑来组织和运用;另一方面,人们在观看和接受电影时也会受到传统语言影响下所形成的固有的成见的制约。因此从语言的角度去研究电影无疑具有文化的内因,这种文化的内因更加便于人们去认识电影、理解电影和把握电影。

  电影是通过运动着的影像和声音向受众进行信息和文化传播的新的"文本"。运动着的图像和声音及其表述实体,就是电影所拥有的独特符号体系与话语表达的主要承载形式。这个形式有其独立的机制和性能。米特里在他的著作《电影美学与心理学》中将电影看作是与口头语言不同的具有表意性质的自然语言,因为影像无法独立于它所拍摄的客体,而口头语言却可以与它所指的客体剥离开来。麦茨在《电影语言的符号学研究:我们离真正格式化的可能性有多远？》一文中指出,电影语言与天然语言相比较所缺乏的两个特点:一是"缺少对所有影片都适用的离散性单位""缺少字母表(词汇表)";二是"缺少任何符合语法规则的标准"。由此麦茨认为电影语言只是一种类语言。其实,带着传统语言的经验去研究电影,并不是要硬性地将电影和传统语言等同起来,确切地说,我们只是要去发现电影类似于传统语言的符号特性和结构规律。

影像或称镜头是电影语言的基本单位,麦茨说是"电影镜头构成了句式的质量"。镜头与文字、语词作为传统语言的基本单位相比,有着本质的不同。文字和语词其结构和形式、能指和所指是确定的,可以普遍地、反复地使用于不同的语言表达和交流中,而电影的镜头就镜头本身以及所隶属的电影而言都是唯一的,也就是说一个电影镜头不能从所在的电影中分离出来,万能地适用于其他电影的建构。真如麦茨所说:"影像内容是一个开放的体系,由于它的基本单位(影像)的不可分离、它的可理解性(这相当自然)及它在能指和所指间的缺乏距离感(随意性的缺乏),使它很难加以符号化整编。"这就是说将影像或镜头视为电影语言的基本单位,其语言学意义不是要抽象出普遍适用的电影语言的最小元素,而是要从影像或镜头这一基本的电影语言单位入手,去把握镜头的结构范式以及运用镜头去结构电影的范式。

格里菲斯第一个将镜头确定为电影最小的叙事单位,他还确立了由若干镜头组成场景,由若干场景构成段落的标准概念;他在自己的作品中将画面景别标准化,赋予特写、近景、中景、全景等以特定的定义和含义;他最早有意识地系统使用运动镜头(摇镜头、移动镜头及景深镜头),结构影片镜头画面;使用布景、光影、音响等有力的视听觉造型手段来塑造鲜明的银幕形象,创造独特的环境气氛;他的创见还表现在对演员的选择和表演要求方面,要求演员放弃原先舞台式的夸张动作和表情,回归含蓄自然的表演风格。

电影中的每一个镜头都表达了一个视点。就影片整体而言,视点常被称为叙事姿态,它表达了叙事者对于事件的判断,即它决定了观者要认同谁。第一人称视点镜头具有主观叙述角度,使观众身临其境地变成了银幕上的人物,他的视野必然带有某种认同和情绪因素。基于这个理由,过肩镜头和双人镜头就可以根据演员的视线和叙事脉络,来强调场景中某一个人的视点。全知视点镜头以第三人称的客观叙述角度,更多用作场面开始的环境交代、对于事物的冷静观察和人物关系不偏不倚的介绍,观众像一个隐身人,随时处在理想的全知的位置上旁观着剧情的发展。镜头既可用作剧中人物视线方向的化身,暗示观众"谁在看?"比如孩子看大人用仰摄,法官看罪犯用俯摄,两人面对面谈话用正面平摄的对打;又能代表导演对观众的引导和对事物的评价,比如,一个阴谋家每次出场都背对着镜头;为未来而献身的勇士在仰拍镜头中映衬着广阔的天空等。

电影镜头在叙事的类型上可以分为:

(1)关系镜头,又称为场景主镜头、交代镜头、空间定位镜头、贯穿镜头或整体镜头。一般是以全景系列镜头(大远景、远景、大全景、全景)为主。关系镜头的作用十分明确:交代场景中的时间、环境、地点,人物、事件、人物关系及规模、气氛,表现人与环境关系,人物大面积位移,人物动作过程及结果。在连续的镜头画面中,强调景物的造型效果,环境的写意功能,造成视觉的停顿,节奏的间歇。同时,关系镜头还可以造成视觉舒缓,强调环境的意境。

(2)动作镜头,又称为局部镜头、小关系镜头、叙事镜头。景别处理以中近景及近景系列(中近景、近景、特写、大特写)为主。主要是表现人物表情、对话、反应、再现、强调人物动作及动作过程、动作细节、动作方式、动作结果等,表现具体交流者之间的位置关系。在连续的镜头画面中,通过对人物运动的表现,形成较快的视觉节奏,达到视觉效果的高潮。动作镜头由于景别的缘故和对人物动作的表达而在视觉上具有可看性,因此是以表现人为主,表现动作为主。镜头排列中对叙事基础(对话)、叙事重点(动作细节)、叙事渲染(动作方式)都有强化作用。

(3)渲染镜头,又称为空镜头。渲染镜头的景别并没有特殊的规定性,完全取决于镜头内容的要求和前后剪接镜头视觉上的变化要求。多用来调整叙事、减弱叙事效果,调整情绪、调整视觉、强调风格。这类镜头的构图要更具绘画性效果,更具美感形式,画面色彩要更具写意性。渲染镜头的任务,就是要在镜头排列和并列中起到对叙事本体、影片场景、动作及主题的暗示、渲染、象征、夸张、比喻、拟人、强调、类比等作用。

在创作中,无数镜头画面的排列与组合,无非是由关系镜头、动作镜头、渲染镜头这三类镜头组成。作为导演,应该根据影片主题、场景条件、叙事风格来合理安排这三种类型镜头的比例,并注意从拍摄到剪接过程中的三种类型镜头的有序的交错比例,否则,在视觉上无法吸引观众的注意力。

镜头是一个综合体,是固有的各种刺激相互撞击和组合的产物。电影镜头的相对稳定与变化,生成场面调度与空间调度两种基本话语形态。场面调度意为摆人画面之中,指镜头处于稳定状态时,导演对画内空间一切视像构成元素的有机控制。空间调度也称镜头调度,指通过摄影机机位及其镜头的运动乃至镜头组接运动,进行运动取景,造成影像画面空间的变化,实现动态构图。电影通过一个一个镜头画面组成一个相对独立的意义段落,又通过一个一个意义段落组成一个完整的故事。画面、色彩、音响按一定的规则和方式(蒙太奇、长镜头等)组接起来叙述故事、抒发情绪或表现诗意。镜头的组接方式,是电影叙事的语法结构的呈现。画面叙述时空的交错呈现,阐释着现象世界的艺术美感和人生意味,推动影片情节的发展。

1903年美国人埃德温·鲍特拍摄了《火车大劫案》,他充分运用平行剪辑的技巧,将一个新闻故事变成了一部艺术影片,为西部片奠定了一种浪漫的风格,从而形成了用观念组合镜头动作、编织故事的剪辑方法。12年后,格里菲斯在《一个国家的诞生》里,运用了大量新颖的剪辑技巧,不仅按照时空连续性的原则,而且按照动作连续性的原则,将大量不同空间、不同时间的镜头组合在一起,从而创造了一部对电影剪辑技术发展产生深远影响的影片。俄罗斯导演普多夫金提出了"电影创作=镜头内容+镜头顺序+镜头长度"这一结构性原则,总结了以清楚叙述和情绪感染为目的的剪辑技巧,同时得出了剪辑具备传达节奏和情绪的功能。爱森斯坦的影片《罢工》《战舰波将金号》,通过非剧情相关元素镜头插入以及镜头画面对比冲突等剪辑技巧,破坏时空与动作的自然连续性,凸显出理性意义对时空与动作的统一作用。至此,电影从一种简单记录现实的工具,变成了一种具有高度表现力和美学敏感性的媒介。之后,实验电影和艺术电影将蒙太奇的主观理性表现力推向极致。实验电影、艺术电影以心理时空幻觉代替现实时空感受,常常将梦境、回忆和幻想糅合在一起,视觉主观镜头、光线调节、声音和色彩、定格画面、慢动作等一系列主观意味的电影法则成为个性表达和深层思考的元素。

有声电影出现后,在声音技术的冲击下,电影倾向于运用更为逼真地模仿现实生活的形式来吸引观众,剪辑技术的发展改变了方向,从表现意义转向纪录现实。1931年雷诺阿在拍摄他的第一部有声影片《母狗》时,通过剪辑技术将现实感很强的声音元素与画面融合在一起,从而创造了一种诗意的现实。英国纪录片学派的怀特和瓦特,在《夜邮》中,经过精心设计,将直接录制于现场(列车和沿途铁路)的机器声、环境声和对话声结合旁白、本杰明·布列坦的音乐和W.H.奥登的诗句,造成极富韵律的节奏感和浪漫的诗意。1945年,罗伯特·罗西里尼在拍摄《罗马,不设防的城市》时,严格按照"手表的时间"而不是按照电影的时间流程进行剪辑,大量运用长镜头和景深镜头,努力以摄影机视点的移动代替剪辑技术。整部电影的结构不是按照叙事的因果,而是按照现实生活的时间流程将一些松散、互不关联的细节和空间链接起来,以逼真地肖似流动的现实形态。

普多夫金说"电影的基础是剪辑",而巴赞认为只要使用镜头剪切,就必然破坏真实事物的完整性,因此他更强调使用长镜头和景深镜头,也就是以一个镜头内的画面变化代替镜头与镜头之间的分切。随着电影技术尤其是摄像技术的发展,长镜头和景深镜头的使用无疑会更受推崇。其实,无论是蒙太奇还是长镜头或景深镜头,都是服从观众心理习惯的修辞手段,都必须给予观众以视觉和心理的流畅性。

当具有电影特性的电视剧出现后,电影受到了冲击。电影的观看需要掏钱去电影院,而电视剧可以通过电视机在家里收看。此外,就镜头而言,电影以其先进的成熟的手法可以特别讲究单个镜头的内容的美感和力度,而电视剧可以不太注意单个镜头的美感和力度,而是在一连串的镜头叙事上,通过日常生活的细节化、曲折化叙事,以及叙事的时间的长度来胜过电影。所以,电影不得不开始采取更强调个人的、美学的、文化的表达,以及重视镜头的大场面、大制作、大投入来赢得观众对影院的光顾。

四、不同语言对广播影视传播效果的影响

近年来,在广播影视等媒体上,呈现出一种多种语言方言交相出现的新趋势,这种新变化不仅吸引了广大听众、观众的注意力,而且对广播影视的传播效果产生了巨大的影响力。这种新趋势的产生与当前多元文化时代人们的归属需求和审美需求有密切的关系,而语言本身所具备的文化镜像功能、标志功能、审美愉悦功能使人们在这个时代的种种需求以不同的传播媒介形式展示出来。也就是说,多种语言方言交相出现的新趋势的实质是语言的某些功能在特定社会语境下的一种集中显现。

(一)汉语普通话对广播影视传播效果的影响

2000年,全国人大常委会通过《中华人民共和国国家通用语言文字法》,该法首次确立了普通话作为国家通用语言的法律地位,明确规定广播电台、电视台以普通话为基本的播音用语,广播影视如需使用方言,必须经过广播影视有关部门的批准。广播影视媒体使用普通话已经成为常态,普通话表现出的简洁、准确、深刻的特点,对广播影视语言传播中的规范性、示范性、标准性、艺术性都有毋庸置疑的影响。

1. 规范作用

所谓规范是指语音、词汇、语法符合普通话的标准——以北京语音为标准音,以北方话为基础方言,以典范的现代白话文著作为语法规范。广播影视节目使用语言的规范与否尤其是否符合现代汉语普通话的标准决定,规范程度直接影响节目本身的质量和全社会普通话水平的提高。《广播电视管理条例》第三十六条规定:广播电台电视台应当使用规范的语言文字;广播电台电视台应当推广全国通用的普通话。传媒是一个国家、一个地区的文化标识,播音员和节目主持人的语言是媒介的声音形象,在全国人民中发挥着榜样和示范的作用,潜移默化地引导着受众正确使用规范语言。在播音语言的六个特点即规范性、庄重性、鼓动性、时代感、分寸感、亲切感中,规范性是排在第一位的。

广播影视语言连规范都无法做到的话,将会对社会语言环境造成极大污染,对正处于学习语言阶段的青少年产生极为不良的影响,更有害于社会主义精神文明建设。

2. 示范作用

广播影视的语言具有很强的示范性和引导性,深刻影响着受众。播音员、主持人和演员们不仅承担着传播信息的职责,同时还担负推广普通话的社会义务。因此,广播电视播音员、主持人的有声语言必须规范,必须对全社会的语言使用起到示范的作用,规范地使用语言不仅是使用普通话规范的语音,还指词汇和语法的规范使用。部分电视节目的语言使用失范严重,影响了观众对节目内容的正确理解,降低了节目的文化品位,损害了节目的传播效果。广播影视是面向全社会的一个窗口,代表了现代社会的形象,广播影视如果不注意自身的示范作用,将在很大程度上影响整个社会的形象和品位。

3. 标准作用

汉语普通话使用的好坏是评价广播影视节目优劣的重要标准。现代广播影视节目从外延扩张式发展向内涵提高式发展转变，进而进入了从量的积累到质的飞跃的阶段。在节目质量方面，很重要的检测和衡量的指标就是语言文字的使用。比如说一个节目，口语表达上要求播音主持在一定时间内允许有一个错别音，就算达标，而没有一个错别音才是优秀；在书面表达，比如字幕等也有此类要求，就像书籍出版的要求一样，一本书中文字差错率在万分之几以下才是达标，这样来督促检查并提高广播影视正确使用语言文字的水平。

广播影视评奖也要重视和关注语言文字的使用，不应当让有语言文字硬伤的作品获奖，应该把语言文字作为一个重要条件和硬标准，甚至作为一票否决的标准。因为广播影视宣传业务也是语言文字工作，应该在评奖、行政管理、监督监测，甚至包括对节目和宣传业务人员的评价等各个方面都要贯彻语言文字的高标准、严要求。

抓好广播影视从业人员的普通话培训工作，树立新时期普通话推广的新标准、高要求，最终形成的将是广播影视媒体公正权威的专业形象。

4. 艺术效果

较好地使用现代汉语普通话，对广播影视节目展现其艺术魅力具有重要的作用。播音主持艺术对普通话语音发声的追求与一般的普通话语音学习最主要的不同就在于前者把准确、规范放在一个基础层面上，而更多考虑的是对语音发声美感的追求。即在解决了"对不对""准不准"的问题之后，继续研究"美不美""如何美"的问题。广播影视语言永远是内容和形式的完美统一，这也是这项事业的特殊性质决定的。有声语言在规范性的基础上如果还能兼具美感，就可以提供更加广阔丰富的思维空间、想象空间和感受空间，给受众以美的熏陶，美的享受，这是直观图像所不可替代的。

汉语普通话的误用尤其会对节目效果和主持人的形象带来不良的影响。据对"节目主持人的媒介形象"的调查研究，虽然媒体及受众对主持人群体的社会关注多于对其的职业关注，但是造成主持人负面影响最多的却是节目主持人的职业能力和职业素养。如针对主持人语言能力的方言、口误，以及指向主持人气质风格的低俗、煽情、过度娱乐化等关键词占了60%，这说明主持人群体在职业能力方面存在的不足更容易破坏主持人的个人形象，并损害节目的艺术魅力。

普通话音系简单,声音响亮,节律感强,富音乐性。正是这些语音特点,使广播影视语言在运用普通话后充分传达出有声语言之美。这种形式多样、无处不在、富于美感的影视广播语言,最终创造和传播了美,给予受众美的感受,为大众媒体的传播效果起到的是加分的作用。

(二)汉语方言对广播影视传播效果的影响

进入21世纪以后,许多省市的广播影视机构纷纷推出方言类新闻、娱乐综艺、服务咨询等节目,在全国产生了一定反响,引起社会各界的广泛关注。

方言俚语因其地域性、口语化、趣味性等特点,具有独特的魅力,在表现地方文化、风土人情等方面具有独到的功效。汉语方言既然已进入广播影视,就应该正视这种现象,其对传播效果的影响可以概括为以下几点。

1. 大众文化功能

大众文化是指在都市工业社会或大众消费社会中产生,通过现代大众传播媒介传递,并按市场规律生产的文化产品,是处于消费时代或准消费时代的,由消费意识形态来筹划、引导大众的,采取时尚化运作方式的当代文化消费形态,其最明显的特征是为大众消费而制作。中国教育部语言文字应用研究所副研究员孙曼曾经说过,当前一些方言栏目其实是以"离谱"和另类、平民化和娱乐性、搞笑和原生态、真实性和怀旧感,借助现代媒体的一种"复兴"。就其文化定位来看,是一种典型的大众文化现象。

汉语方言广播影视节目的受众主要是所覆盖区域内的市民阶层,一是这一阶层在进行维持基本生存条件所需的工作和劳动之外,有一定的闲暇时间、精力和金钱,因而产生了自己的文化消费需求。考虑到现实社会中沉重的工作压力和烦琐的生活苦恼,市民阶层在进行文化消费时往往会选择那些能带给他们轻松和愉悦的文化产品,娱乐性也因此成为市民阶层大众文化所极力追求的目标之一。二是让观众在对现实烦恼的遗忘中体会幸福。方言带给人的亲和力和凝聚力,也是其他语言无法取代的。早在20世纪60年代就有以四川方言拍摄的影片《抓壮丁》,当许多广播影视定位于特定地域内的小人物生活时,方言让观众觉得收音机里、银幕上、电视机前的小人物愈发的生动和亲近。当小人物们操着各自不同的地方语言诉说着他们的生活时,方言鲜活地传达出一方水土一方人的性情与趣味。另外,作为一种公众媒体,方言广播影视节目同样吸引着想要融入本地的外来者,方言广播影视节目潜移默化地影响着这些外地人对地方语言的认可和接受,令他们不自觉地、和谐地融入当地的文化语境中。方言对于广播影视传播效果的积极作用表明,社会需要大众文化,大众文化可以发挥高雅、严肃的文化难以发挥的社会功能。

2. 展现方言魅力

在今天全球化的大环境下,文化融合是大势所趋,语言作为表述沟通的工具,作为文化的载体,是伴随物,而非遗留物,语言的发展也是多元性的,也需要与时俱进适应社会。联合国将每年的 2 月 21 日定为国际母语日,旨在促进语言和文化的多样性,以及多语种化。改革开放以来各地在强调与国际接轨的同时,城市建设、衣食住行等诸方面趋同的现象十分严重。在这一大环境下,许多地方上有特色的东西被忽视了,尤其是语言方面。在方言里,有比普通话更丰富生动的生活、情感用语,在动作的细微区分、事物的性状描摹等方面也更具体、形象,是中国各地区特有文化的一部分。方言广播影视节目用极具亲和力的方言老话吸引着受众。在节目中,方言被视为地方语种的历史和传统的积淀,以审美的姿态来使用方言,着力展现平凡百姓生活中常用的、鲜活的话语,显示地域文化特色和当地的文化传统与文明。

方言广播影视节目的异军突起,在一定程度上昭示了地方特色文化的觉醒,展现了地方文化的个性和魅力,不失为保护地方文化的一种载体。杭州市政协委员毛海涛在 2005 年杭州市政协八届三次会议上提出一份提案:《关于保护杭州方言,防止历史文化名城内涵缺失》,引发热议。毛海涛在谈及提案初衷时说:"杭州方言是北方官话和地方俚语完美结合的产物。当所有的城市都说同一种语言时,每个城市独有的吸引力就减弱了。"杭州方言的形成与历史密切相关,如果没有南宋迁都杭州,杭州方言就不会带有如此鲜明的北方官话色彩。

3. 人文关怀功能

邓小平同志在 1979 年提出,要"自觉地在人民的生活中汲取题材、主题、情节、语言、诗情和画意",要"创造出具有民族风格和时代特色的完美的艺术形式"。影视制作部门也常说要用群众喜闻乐见的方式来表现作品。毫无疑问,方言就是人民群众的语言,并且是群众喜闻乐见的方式之一。方言广播影视节目的人文关怀表现在以下两个方面。一方面,广播影视媒体是大众传播工具,每一个人都有享受这种公共资源的权利。在我国有相当一部分人民群众只能以方言为渠道与外界沟通,广播影视媒体播出方言节目,不仅可以满足普通受众审美追求多元化的需要,也能够最大限度地照顾到这一在人数上不算少的群体。另一方面,推广普通话是国家政治、经济、文化发展的要求,广播影视作为影响力大的媒体,应承担这方面的责任,但广播影视媒体从满足受众需求的角度出发,有限度地播出部分方言广播影视节目也是正常的,因为只有人们接受广播影视节目所传达的个中信息,广播影视才能更好地发挥影响力。方言是文化的根,也是每个人心中难以抹去的情感印记。一个不能容纳方言传播的社会,不是一个尊重个人权利,带给个人人文关怀的社会。

(三)中国少数民族语言对广播影视传播效果的影响

我国地域辽阔,民族众多,在少数民族地区使用民族语言进行广播影视传播,对边疆少数民族地区的社会稳定、经济发展、社会和谐发挥了重要作用。

1. 喉舌与传播作用

随着社会发展,特别是改革开放以来,少数民族群众对政治、经济、文化的渴望进入了新的层面。少数民族语言广播影视以它的实效性、针对性、信息性、服务性等特征成为少数民族受众,尤其是广大农牧民受众吸取各类信息的主要来源。如少数民族语广播以快捷、方便、容量大、覆盖率高,以及移动、互动、低成本等独家优势被听众誉为贴身媒体。在某些通信不便的边远地区或少数民族群众家里,广播成了他们唯一的信息来源。对一些偏远地区学生和外出人员来说,广播成为他们向家人报平安送信息的唯一工具。

2. 弘扬民族文化,丰富语言多样性

"我国少数民族文化是中华文化不可分割的重要组成部分。博大精深、源远流长的中华文化是我国各民族文化的统一体。在漫长的历史长河中,各民族共同缔造、捍卫了伟大的祖国,共同创造、发展了中华民族的灿烂文化。少数民族文化与汉文化相互交流,水乳交融,形成'你中有我,我中有你'的关系,共同推动了中华文化的形成和发展。在中华文化的形成和发展过程中,少数民族做出了巨大贡献,促进中华文化形成了统一性和多样性的鲜明特征。"

少数民族广播影视的生命力在于民族特色与地方特色的有机结合,这是少数民族语言广播影视自身发展规律的需要。少数民族广播影视节目体现了少

数民族政治、文化、艺术、语言文学、风俗习惯、心理素质等众多民族特色。同时也体现了少数民族地区的地方特色，并使它们有机结合，发挥其独特的魅力。这也正是少数民族广播影视的吸引力、感染力、影响力所在。

多年来少数民族语言广播影视从节目内容到节目形式都突出民族特色与地方特色，使少数民族受众听懂、看懂、听好、看好。一些富于民族文化气息与传统的文化节目深受少数民族群众的称赞。中国有56个民族，各民族都创造了丰富独特的历史文化，这些对于国外受众也有很强的吸引力。通过使用少数民族语言，反映中国各民族的现代生活方式、生活观念等的变化，也让更多周边国家受众了解今天的中国。

3. 溢出作用

少数民族语言广播影视既面向国内的少数民族受众，又承担着对外宣传少数民族地区、宣传中国的特殊任务。民族语广播影视的本身优势和民族特色、民族形式所体现出的天然优势及受众群体的实际情况，决定了少数民族广播影视在境外听众观众中有它生存发展的广阔空间。我国少数民族聚居区大多地处边塞，与毗邻地区的某些国家语言相近，有些少数民族语言在周边国家还是其主体语言。现代广播影视传播是无国界的，我们的广播影视节目自然会溢出到周边一些国家地区，与我国相邻的十多个国家有近亿人能通过民族语言收听收看我国的优秀广播影视节目。

溢出式传播具有很好的传播效果，为我们奠定了坚实的经验基础。我国民族语言广播影视节目质量近年来有了大幅度的提高，可看性、可听性大大增强，在我国周边国家的受众中影响力越来越大。

（四）外语对广播影视传播效果的影响

随着我国改革开放逐步向纵深发展及全球化进程加快，我国参与国际交往的机会也随之增加。作为对外宣传我国基本国情的主要阵地，广播影视扮演着越来越重要的角色。

1. 挑战全球话语霸权

今天的全球传播，是一场软实力较量的大战。全球化传播是中国对外大传播的一次机遇，双语播音主持作为一种媒介话语权，是软实力扩张的主要途径之一，而中国软实力全球传播的主动权，很大程度上掌握在以美国为首的西方媒体手中,中国形象的塑造,也很大程度上取决于西方媒体对中国的报道。

挑战全球媒体话语霸权,我们传播的话语体系不能一成不变,话语风格和表达形式必须有所微调,而使用外语,进行双语传播正意味我国话语体系的一次变革,这种变革是语言的输出,更是我们核心文化和价值观的输出,它将借助双语有声语言传播,整合一个一个抛却意识形态之成见的传播语境。

2. 丰富汉语自身与提升汉语的世界影响

广播影视是一个开放的系统,它的传播方式、内容、对象都是开放的;将外语纳入这个系统中来,从另一种意义上说,是与生俱来的大众传播优势改变语言单一化发展趋势,使用外语是担负起保卫并发展我们的民族语言、面向世界、走向世界的历史任务的一种手段。

(1)从汉语自身来看。陈原在《世纪之交汉语领地新景观》一文中说,有生命力的语言从来不怕异物的入侵。任何语言都不是自给自足的,时不时会掺杂一些异物才能丰富和发展自己。每一种语言都包含有一定数量的外来成分,其中包括外来的词、外来的音位、音节构词词素和句子结构的规则等。这些外来的东西一经吸收之后就逐渐成为本民族语言中自己的东西,这是丰富语言的一条途径。不同民族之间以及不同国家之间,语言成分的相互吸收是语言间相互影响中的一种普遍现象。中华几千年历史足以自信地证明:具有优秀、悠久文化传承的汉民族语言是不会消亡的,世界文化多元化的格局必定要有不同的文化承载。英语化影响之下的汉语,凭着五千年中华文化去粗取精的特性,吸收英语等西方语言之精华,去其糟粕,这是汉语充满活力与自信的表现。因此,我们不必对英语的入侵过分担忧。在全球传播时代,维持一个信息封闭的体系代价是非常高昂的。要在不丧失自己语言和文化、不丧失自我的前提下,去汇入世界文化的海洋,让中国的声音成为世界不可低估的一部分。在广播影视创作中坚持保卫并发展本民族的语言,利用外语来丰富汉语这一主体,才是不放弃自己的语言领地,才是丰富汉语自身,提升汉语国际地位的决定性因素。

(2)从汉语对外影响来看。今天,我国许多广播影视节目正以双语的形式丰富并愉悦着中外受众的生活,不仅通过纯正规范的双语营造标准的双语语言环境;还在轻松易懂的双语语境中了解有价值的新闻、娱乐和服务信息。对于那些热衷于中国语言和文化的外国受众来说,他们在学习中国规范的汉语和精粹文化的同时,还能每天了解来自中国的新鲜资讯。世界性语言是全人类知识的储存库,一种民族语言一旦被确立为世界性语言,又能反过来巩固和提高使用这种语言的国家和民族的国际地位。汉语通过广播影视媒体提升中国形象的同时,也必将随着21世纪中国之崛起而跃升为有影响的世界性语言之一。

广播影视事业的发展,正在影响着社会的文化格局,而任何广播影视节目都离不开语言,广播影视媒体已经成了使用语言的集大成者,广播影视的产生和发展,开辟了语言传播与实践的新时代。随着经济文化的发展,广播影视语言传播的领域不断扩大,已成为人们生活中不可缺少的组成部分。绝大多数人几乎每天都要收听、收看广播影视节目。广播影视媒体中多种语言方言交相出现的新趋势,也将对社会文化发展产生深远的影响。

第二节 新媒体语境下的广播影视语言传播与社会影响力

一方面,人们不仅仅是生活在事物的客观世界之中,同时也不仅仅是生活在社会活动之中,他们在很大程度上还处在该社会用来作为交际工具的那种具体语言的影响之下。假如认为,我们不求于语言的帮助就可以完全认识现实,或者说,语言只是解决交际和思维的某些局部问题的辅助手段,这就错了。实际上,真实世界是在特定社会的语言规范和表达方式上不知不觉地建立起来的。另一方面,广播、电影、电视作为大众传播的专业组织,具备复杂的结构,它们带着明确的目的和要求来认识和理解所处的社会,雇用大量的员工,生产出源源不断的语言产品来表达它们对于社会的看法,同时传播开来,介入到大众的生活中,影响着大众对于社会的认知和行动。这时,社会大众就成为广播、电影、电视这些媒介组织的受众,整体地能动地按照广播、电影、电视这些媒介组织所希望的既改造自身,也改造社会。所以,对于广播影视语言传播的社会影响力分析,不能局限于由人际传播连接的个人层次上,而是要着眼于广播影视语言传播在社会中扮演的角色,运作的机制和方式,还有对整个社会发挥的功能。

一、社会影响力的生成机制

（一）作为传播机构

传播是跨越时空的信息和观念传达。而大众传播还具有除此之外的另三个特征：一是它针对较大数量的、异质的和匿名的受众；二是信息和观念是公开传播的，安排信息和观念传播的时间，通常是以同时到达大多数受众为目的；三是传播者一般是复杂的组织，或在复杂的机构中运作。广播、电视、电影作为大众传播的专业机构，具有复杂的组织结构，处身于复杂的社会关系之中，具有复杂而持久的意愿和目的，因此也就决定了它们持续不断的传播行为。

语言是总结、反映、巩固人类认识现实的工具。广播、电视、电影作为传播主体，首先需要形成自身对于现实的认识，这种认识是有选择的，是需要付诸一个编码的过程而形成与自身主观目的和意愿相一致的语言产品传播开来，并最终达成预期的社会影响。詹姆斯·卡伦（James Curran）认为："媒体通过新闻、评论和虚构来给世界下定义。媒体的中介作用决定了哪些因素占据突出的地位，而哪些则退居背景之中；哪些应当被包括进来，哪些又该被排除在外。大众传媒这扇看世界的窗口提供的是有选择性的视角。除此之外，它也具有表意和阐释的功能。它还能够通过与各种主张、能够引发共鸣的形象和思想的天然链条的联系为我们提供明晰的阐释框架和只可意会难以言传的理解。它还可以为我们提供用来进行命名和分类的各种语码。例如，它帮助我们区分正常与怪异、自然与非自然的种种现象。一句话，媒体既勾画了现实社会和世界的地图，又解释了其运作规律。"简单地说，就是广播、电视、电影这些媒介组织能够通过对媒介资源的占有和使用，将事物嵌入主观特定的"叙述框架"之中，最终把一个"成型"的阐述呈现在受众面前，并以应该与不应该的价值判断影响事物的存在并进而影响社会秩序。

影响一般而言并非一蹴而就，为了获取满意的传播效果和社会影响，通过议程设置，围绕某个主题进行持续的报道成为行之有效的手段。人们的语言是人们主体性的一个结果。广播、电视、电影的语言传播总是与其特定的身份特征相符合。从目前国际国内广播、电视、电影的情况看，不外乎商业、政府、公共这三种身份。我国的电影已经走上了商业化的道路，而我国的广播、电视完全是政府媒体,所以党和政府的喉舌就是我国的广播、电视自始至终都要坚持的语言传播的立场。主题宣传最能体现党和政府媒体的身份和立场,因而受到推崇。

马林诺夫斯基把语言支配别人的行为称为控制功能。主题报道的目的正是要最为有效地发挥出广播、电视语言传播的控制功能。目前在新闻的报道形态中,主要包括正面报道和舆论监督两种模式。前者主要由领导活动、会议、政策发布以及一些新闻资讯组成。往往兼有新闻宣传和正面报道的意味,更多带有新闻宣传的色彩。后者舆论监督多是对已经发生的事件进行事后的监督,当然也有少量对正在发生事件的监督,通过调查、再现事件的过程并呈现给受众,或以追踪报道的形式对事件进行后续跟踪,使不良现象得到警示和曝光,最终起到的作用是给受众"解气"、促成问题的"解决"。除上面所提到的正面报道和舆论监督外,还有第三条路可走,这就是舆论先导。就是对现实生活中带有苗头性的问题或正在发生的事件进行关注,在充分调查、细致分析的基础上,通过媒体的介入,力求准确预测事件的发展趋势,使某类问题提前得到关注,从而引起社会的重视,推动问题的解决,进而起到引导舆论的作用。这也是媒体报道尤其是主题报道今后应该着力发挥导向作用的地方。

在新闻报道中准确并提前引导舆论,舆论先导注重的是媒体对社会的干预功能。这种干预是事前或事中的,是一般将来时和现在进行时的,而非"一般过去时"的事后监督。舆论先导的出发点是为民代言,帮忙不添乱,重在疏导,使政府有关主管部门尽快进入议事日程,在问题还没严重到一定程度时就予以解决,这就极大地避免了不良后果的发生。舆论先导,"前瞻"才能领先一步,坚持策划到位和深入采访调查也就必不可少。

在当今社会,情况瞬息万变,传播工具、通信手段日益现代化,多样化。在一个开放的条件下,信息四通八达,竞争日趋激烈,而宣传往往是与各种事件的发生、发展紧密联系在一起的,要打好舆论先导这一仗,最重要的两点,一是务必在提前宣传、抢得先机上下功夫,舆论先导的优势就在于此;二是后续报道必须一追到底,同时各种报道形式齐上阵,从而形成强大的舆论引导氛围。一个语篇有自己的内部结构,使活的语言有别于词典或语法书上的例句。语篇的功能可分两个方面。第一,它使一个语言部分成为前呼后应、自成一体的语篇。第二,语篇功能可以突出语篇的某一部分。多个不同侧重、不同结构方式、不同叙述方式、不同表达风格的语篇,才能构成一个鲜活的而不是呆板的、立体的而不是单调的、有力度的而不是无关痛痒的一个语言传播的综合文本。

广播电视一切的语言传播行为都是人的行为,一切语言传播的主题都是人的主题。广播电视作为传播机构,要做好主题的传播和引导,一是坚持"以人为本",修炼出专家的眼光,去选取具有全局性、代表性以及具有广泛关注性的问题;二是善于以专家的眼光对报道内容进行必要的可行性论证,善于从理论高度看准时机,选择事件,驾驭事件,剖析事件,从而使读者通过充分到位的宣传把握住事件的本质;三是要恰当把握事件进程的含义,宣传不能为快而快,而是要根据国家和人民的利益,或在其前,或在其中,或在其后,或前中后都加以宣传,灵活机动,随机而变。

(二)作为交往系统

语言是人与社会的媒介。人类创造语言以显示自身的存在,并同时作为联系社会的工具。所以洛克说:"上帝既然意在使人成为一个社会动物,因此他不仅把人造得具有某种倾向,在必然条件之下来同他的同胞为伍,而且还供给了人以语言,以为组织社会的工具,公共纽带。"人生活在社会中,需要培养融入社会的伦理道德以达到使自身社会化的目的。在培养人的道德的问题上,古代中国看重的是以语言的情感与和谐来打动人感染人,即所谓"入人也深,化人也速"。古代西方看重的则是以语言的理性力量来启迪人说服人。古代希腊伟大的思想家们确信是人的理性使人成为人,他们定义人为理性的动物,而且将理性和语言紧密地联系起来,语言常常被看成是等同于理性的,甚或就等同于理性的源泉。在《申辩篇》中苏格拉底说:"一种未经审视的生活还不如没有的好。"苏格拉底宣称人应当是不断探究它自身的存在物——一个他生存的每时每刻都必须查问和审视他的生存状况的存在物。在他看来,人类生活的真正价值,恰恰就存在于这种审视中,存在于这种对人类生活的批判态度中。而审视和批判的方式就是语言的对话,在语言的对话中,对理性问题给予理性回答,人的知识和道德都包含在这种循环的问答活动中。正是依靠这种基本的能力,人成为一个"有责任"的存在物,成为一个道德主体。

人与人之间相互问答的方式就是人与人之间交往的方式,在这里语言作为交往系统而存在。交往的结果是相互被说服而使社会得以维系和运行。说服被定义为"通过接收他人的信息产生态度的改变"。说服已经成为民主社会中生活的一部分,因为,在民主社会里,最可靠的控制手段可能便是对人们态度的影响。说服也是一种古老的技巧。在中国战国时期,战国策士周游列国,皆欲凭三寸不烂之舌说服诸侯王采纳自己的权谋术要,正是在这种背景之中说服艺术发展得相当成熟。譬如苏秦起始到秦国以连横劝说秦惠王,遭到拒绝之后,认为自己的能力尚有不足,遂"头悬梁,锥刺股"发愤读书,至"真可以说当世之君",遂以合纵之术劝说齐、楚、燕、赵、韩、魏六国,得以被六国接纳,授六国相印。"当此之时,天下之大,万民之众,王侯之威,谋臣之权,皆欲决苏秦之策,不费斗粮,未烦一兵,未战一士,未绝一弦,未折一矢,诸侯相亲,贤如兄弟。夫贤人在而天下服,一人用而天下从。"在西方,论辩艺术和说服艺术则在古希腊罗马的议事会制度中发展起来。亚里士多德是第一位试图分析并写下说服问题的人之一,在他的经典著作《修辞学》中,他讨论了说服的题目。而当代研究态度改变最重要的起源,是由霍夫兰(Carl. Hovland)和他的助手完成的。霍夫兰采用控制试验方法,对态度的改变进行研究,得出态度和态度的改变都是从学习中来的。可以看出其研究实质上是一种学习理论或强化理论的取向。

　　说服的效果是说服对象态度的改变。在这里把说服列为权力的一种形式,是因为它代表一种手段,参与者可以用它来对他人行为取得预期效果。如果A向B提出论据、呼吁或劝告,B根据自己的价值观和目标独立地估量其内容之后,接受A的意见作为自己行为的依据,那么A就已经成功地说服了B。由于B是否接受A论点的选择,原则上不受惩罚、奖励,或感到有按A想法去做的义务的约束,而且由于在原则上B有向A提出自己相反论据的自由,从而更换说服者与被说服者的角色。在形式上,它似乎缺乏权力关系的非对称性,比起其他权力形式,它更像自发的公平交易,即互惠性,这是一般交谈形式的主要特点。这就是说我们对说服通常有这样的一种看法:说服是在对称关系中由事实本身的合理性来决定谁被谁说服。事实上这仅仅是一种表面的现象,既然个人的说服技巧不同,在说服中固有的平等,不可能通过说服者和被说服者之间不断交换角色来实现。在任何地方,有助于成功说服的个人禀赋,诸如口齿清楚、演说才能或心理智能是千差万别的,而这些个人差异对社会大舞台上的权力斗争并非无关紧要。

　　印刷机、广播和电视发射机、扬声器和扩音设备的所有者和控制者对个别公民拥有巨大的说服优势。个别公民的答辩，只能是关掉电视或收音机，或者拒绝购买特定报纸，而在现代城市生活条件下，他无法避免完全成为一名"受制听众"，暴露于控制无所不在的通信媒体的那些人的大量说服之下。通信技术革命已经建立了新颖、复杂的说服工具，使用这些工具构成至关重要的权力资源。像其他权力形式一样，说服依赖于分配不均的资源。

事实的叙述与交往过程的发生，以及说服效果的取得之间有很大的关联。因为，任何一个交往的过程的发生是需要引发交往对象的兴趣和关注的，此外，在书面语言中，逻辑的论证能够让人确信一个道理，而在广播、电视、电影的语言传播中，说服的效果更依赖于故事性叙述的娴熟运用。有时在广播影视语言传播中即使采取了故事化的叙述方式，但是如果故事都是在平铺直叙中说出，故事的复杂性，还有故事的悬疑性就会大打折扣。譬如，发现在案发前后，有一辆小车在附近出现过，认为这辆小车有嫌疑是可以成立的，但因此就实施对车主的抓捕行动，却显得武断。怀疑抢劫出租车者是吸毒人员，而得知某个小区居住着一位吸毒者，并且这个吸毒者有手机出售，就以抢劫出租车嫌疑人的名义实施抓捕，同样显得不那么令人信服。本来任何案件的破案过程都应该是很复杂的，如果在叙述中没有展示其复杂性，就显得案件的破获过于简单，过于突然。有时，甚至会让人产生误解，觉得是在证据不足的情况下，警方就实施了对嫌疑人的抓捕。

不构建悬疑，没有解谜的过程，一节一节的细节在平铺直叙中说出，这种叙述方式在电视学中被称为购物单式的叙述。要展示事实的复杂性，要自始至终将观众吸引在节目对故事的讲述之中，就要善于设置悬疑，用一环扣一环的解谜过程，也就是要以戏剧化的叙述方式来代替购物单式的叙述方式。

（三）作为建构机制

理想是什么？"理想是人类所特有的一种现象，是一种自然的观念，简单地说理想就是人们所期望的一种社会、一种生活或者一种事物应该有的样子。"对理想的真实建构是大众媒介持久自觉坚守的一种新闻价值观、舆论价值观。社会学家赫伯特·甘斯曾经指出，在美国，新闻的基础是媒介认为国家和社会应该如何的图景。美国媒介一直坚持以真实的新闻报道建构着美国的理想，包括建构民族的优越感、利他的民主、负责任的资本主义、小镇田园主义、个人主义等。甘斯也指出这些美国式的理想或新闻价值观很少直截了当地表现出来,而是巧妙地融入真实的报道中,潜移默化地发挥着倾向性的作用。

许多人类的理想是在相互的学习中实现的,而许多人类的学习是通过观察他人显示的各种方法而产生的。列宁说:"让那些向全国人民介绍少数先进的国家劳动公社的模范实际的报刊发行几十万几百万份吧。"在一种先进的经验还没有成私有的财富,还可以分享也需要分享,在一种独具的高尚品格、精神还值得群体珍惜崇尚,在一种社会的理想,让生活着的人们格外神往,热心追求的时候,典型报道就有它存在的土壤和价值。所以即使在西方,从社会学习论中派生出来的模式示范论也很强调报道好的典型,认为大众传播能够描述模式化的行为,受众对于媒介内容的接触,为自己提供了一种学习的对象,可以从中学得一系列行为方式,这些行为方式在一定程度上可以成为人们处理反复出现的问题的永久性方式之一部分。

社会总是在不断进步,社会的某一种理想可以在社会进步的过程中取得阶段性的成果或者甚至在某一局部得以充分地实现。因此,广播影视语言传播要善于发现和选择这些阶段性成果和局部现实,真实地、集中地加以宣传报道,赋予它们社会学习过程中典型和示范的地位和作用。在这里强调真实,是因为只有强调真实,我们所报道的典型才会立足于不同环境条件下、不同发展水平和发展阶段中社会理想实现的不同表现,我们所报道和宣传的典型才不会千篇一律。通过这种对理想的真实建构行为,广播影视语言传播使抽象的社会理想转化成为具体可感的现实目标,从而有力地激发人们因地制宜,不断向典型和示范学习、靠拢的自觉性和积极性,这样,阶段性的成果和局部的现实得以很快地扩展,社会理想的构建得以全面地展开、全面地推进。

典型是类的样本,是最接近理想之型的具体之型。也就是说,典型的特点是"与众不同""非同一般",所以典型报道注重的就是选择与众不同的人和事,并对其"非同一般"的特点作突出的报道。《解放军报》记者江永红曾在评价典型报道《孙铁锤传奇》时深有感触地说:"学雷锋的先进人物多的是,为什么偏写他?因为他性格中有特殊性。好几拨人去写他都失败了,原因就是忽略了他的特殊性,而死往普遍性上靠,结果咋写咋不像,读之味同嚼蜡,从普遍性中找出特殊性,事关稿件成败,不会找特殊性,就不会当记者。"人和社会一直在向着更完美更理想的境界前行。一种新的更完美和一种新的更理想的境界往往会首先体现在一定的人物和一定的事件上,感受到了这些人物和这些事件身上的这种特殊性,把它选择出来,表现出来,典型就得以在普通大众面前树立起来,大众就有了可以效仿的范式。

西方"文化研究"派代表人物雷蒙·威廉斯说:"为了真正令人满意的生活,我们应该想到应实现而尚未实现的社会状况。着手设计并规划新的标准,以将来的标准取代无法适应需求的过往和现行的标准。一旦目标明确,整个社会将向更高的境界迈进。"典型恰恰正是从现状中"设计"出来的一种新的标准,所以典型是一种塑造的美学。新闻典型脱胎于文学典型,了解一下文学典型的产生,会使我们对"典型是一种塑造的美学"有一个更为清晰的理解。高尔基在《谈谈我怎样学习写作》一文中说:"当一个文学家在写他所熟悉的一小店铺老板、官吏、工人的时候,他或多或少都能创造出这一个人的成功的肖像,但这人只是一个失掉了社会意义和教育意义的肖像而已,在扩大和加深我们对人和生活的认识上,他几乎是毫无用处的。""但是假如一个作家能从二十个到五十个,以至几百个小店铺老板、官吏、工人中每个人的身上,把他们最有代表性的阶级特点、习惯、嗜好、姿势、信仰和谈吐等抽取出来,再把它们综合在一个小店铺老板、官吏、工人的身上,那么这个作家就能用这种手法创造出'典型'来,……而这才是艺术。"鲁迅先生在结合自己的写作谈体会时,也提到"模特儿没能用一个,往往嘴在浙江,脸在北京,衣服在山西,是一个拼凑起来的角色"。正因为文学典型是通过"杂取种种人"塑造出来的,所以就具备了"熟悉的陌生人"的特征。新闻典型塑造中虽然不会有文学典型塑造中的那种虚构的手法,但是新闻典型是通过有目的地"选择、强调、排除和精心处理"等方式构建起来的。表现优秀知识分子典型栾茀的人物通讯《追求》的作者窦云飞曾经谈到,文章在写作中经过几次较大的改动,力图找到一个既具有普遍的针对性,又符合这个人物实际情况的角度。初稿的标题是"癌",寓意在于栾茀虽然是患癌症而死的,但真正置他于死地的是另一种癌——极"左"路线,但又考虑到1981年前后,社会上部分人对社会主义制度和共产主义理想产生了信任危机,文章的基调应定得更高,于是她反复斟酌:"栾茀在一个个生死关头毫不动摇,总是充满了进击的火力,不正是他信赖党、追求党所代表的方向吗?把他的这种崇高精神宣传出去,不是很有普遍的教育意义吗?"最后将标题改为《追求》。可见在典型报道中选择强调的是典型特殊性的一面,出类拔萃的一面,排除和精心处理的是对特殊性作遮蔽和干扰的那些冗余信息,通过这样的一个塑造过程典型就作为"非常人""非常事"而非"普通人""普通事"出现了。正因为新闻典型经历了这样的塑造过程,所以新闻典型同样是一种塑造的美学,也同样表现出了"熟悉的陌生人"的特征:"在先进人物的身上,集中充分地体现了所在集团、阶级、民族乃至国家的利益要求。由于典型性,他完全有资格成为集团、阶级、国家的号角;在此,他个人的魅力或被忽略不计,或被提高到类的高度。"

在广播影视语言传播中,通过一次典型报道为大众树立可以效仿的榜样,观众是乐于接受的,但是反复地密集地持续不断地塑造典型,由于塑造的典型在大众看来毕竟不是"平凡人",是带着强势的人物,这样就会给观众带来很大的心理压力,容易使观众产生回避的举动。譬如,要创办一个集中报道"劳模"的电视栏目,我们采用得更多的就应该是解读的美学,而不是塑造的美学。塑造典型人物时,我们关注和突出的是人物的非凡之处,是着意要让典型人物在大众看来是一个非凡的人。这样的目的是促使典型与大众区别开来,让典型成为大众学习的榜样,而且其中潜在的逻辑是典型愈非凡就愈有号召力。应该说,这只是其中可能的一面,还有可能的另一面则是可能让观众觉得典型确有非凡之处,的确值得敬佩,但就自己而言无论如何做不到,因为典型身上那种非凡的东西是自己不可能具备的。所以在广播影视语言传播中我们提倡不能单纯地采用塑造的手法而要更多地采用解读的手法,去解读典型的个性、情感、经历。采用解读的手法就是为了收到典型报道的另一种效果:在解读当中我们将典型人还原成普通人,将非凡人还原成平凡人,让观众感觉到典型原来是在平凡当中创造了不平凡,从而增长向榜样学习的信心和动力,坚信自己只要用心去做,坚持去做,有朝一日也能创造奇迹。

甘惜分教授曾经给典型报道下过一个定义,他说:"典型报道是指对具有普遍意义的突出事物的强化报道。"典型报道在塑造典型时,为了强调和突出其普遍意义,常常使典型成为一种类的代表,典型的个性与情感则往往表现不足。塑造典型,常常运用的是一种三人称追述的手法,因为这种手法最适合于塑造的目的,在三人称追述当中我们可以有目的地选择、突出、强化和进行各种的特殊处理,但是这样的叙述又容易使典型报道面临一个最大的危机即受众信任的问题,使受众心中产生疑问:这样的典型是真的吗?为了打消这样的疑问,典型报道中出现了新的叙述方式。

理想的典型不会只是一个人、一件事，还可以是一种组织、一种社会、一种文化。此外，典型也不会全是与社会理想相一致的典型，与社会理想相背离的典型同样比比皆是。但无论是什么，无论是何种情况，它都只能是来源于现实生活。对于典型的建构我们要扎根于现实，走进典型的生活中去，用活生生的生活事实说话和生活过程说话，始终把握受众的心理和眼光，考虑受众的欲知和欲见，充分呈现出生活过程中典型的成败得失、悲欢离合、喜怒哀乐、生死荣辱；时时注意把握不同行业、不同时代、不同人物所表现出来的特殊"个性"，并且让这种"个性"在真实可信、真情可感的纪实性故事中、细节中还原出来。塑造与解读应该是典型报道的两面，兼顾两面，典型就既可敬又可亲。

二、社会影响力的媒体共征

人总是生活在特定的社会中。任何社会都是通过一定的体制来分配资源，并按照所得资源的多少来确定人的身份与地位。广播、电影、电视虽然使社会成为媒介化的社会，但这种媒介化同样是服从于体制的规定性的。布尔迪厄在他的《关于电视》一书中是这样描述的：新闻界是一个场，但却是一个被经济场通过收视率加以控制的场。这一自身难以自主的、牢牢受制于商业化的场，同时又以其结构，对所有其他场施加控制力。只要搞过一点社会学，就会明白尽管这世上的男男女女都有各自的责任，但他们能做什么，或者不能做什么，在很大程度上受到他们所处的结构的技术化处理以及他们在此结构中所占有的位置的限制。因此，不能只满足于批评某个记者、某个哲学家或某个哲学家记者。必须看到他只不过是一个结构的某种副现象而已，就像是一个电子，是一个场的某种反映。如果不了解造就了他并赋予他微薄的力量的那个场，就什么也不可能明白。这就是说，是社会的体制运作决定了一切媒介影响社会的共同特征——体制性。

（一）建构主流话语

思想家福柯认为，人类的一切知识都是通过"话语"而获得的，任何脱离"话语"的事物都不存在，人与世界之间的关系是一种话语关系，"话语意味着一个社会团体依据某些成规将其意义传播于社会之中，以此确立其社会地位，并为其他团体所认识的过程。"可见，一个群体或个人的利益表达和满足是通过话语权来实现的,并通过话语权的实现来确立自己的社会地位;如果没有话语作为连接人和世界的纽带,就谈不上利益的满足和地位的确立,或者是更高意义上的人文追求。体制的规训总是紧紧关涉着人的话语、媒介的话语。在中国,许多广播电台、电视台创办的许多栏目就是直接服务于体制的,像基本上所有的地方广播台都创办有的栏目《行风连线》,是由地方纪委主导的,贯彻的是地方纪委的意志,传达的是"利为民所谋,权为民所用"的政府和官员的形象;还有许多电视台都创办有的《警方快车》之类栏目,是与当地公安部门合办的,表现的是任何违法犯罪,在当地先进的公共安全监控系统,以及警察高超的破案技术、现代化的侦破手段、锲而不舍的责任心面前,最后的结果都是"法网恢恢,疏而不漏"。通过节目的宣传树立起观众对于公安系统以及警察的信心,实质上也是树立起观众对于我们的社会、政府乃至国家的信心。此外,像《法治进行时》《政协论坛》《人大在线》等电视或广播栏目,都是建构主流话语,或者说意识形态的最直接的平台。这些平台的设置说明体制总是以整体性的叙述框架,来规范广播、电视、电影等媒介建构主流话语的行为。

广播、电视、电影等媒介建构主流话语的行为最终需要落实在具体的节目之中。社会学家盖伊·塔奇曼在她所著的《制造新闻》一书中,认为新闻是一种社会资源,新闻通过运用纪实和叙事的手法,对事实做出选择性和偏向性的报道,来使社会现状合法化。还有,纪实性的手法能将意识形态扎根于建构性的现实。

凯尔纳指出,意识形态应该被看作是概念、意象、理论、故事和神话的统一体。对于主流话语的构建,广播、电视、电影语言传播在意象化的手法运用上最具优势。被电影史奉为蒙太奇经典的"奥德萨阶梯",开始于欢乐的气氛之中,奥德萨人民带着欢笑和食品去慰问战舰上的水兵们,舰上和岸上、水兵和群众鱼水情深。突然,沙俄士兵列队走下台阶,开枪向前面所有的人射击。从奥德萨阶梯下拍摄的全景,展现平民在混乱中四散奔逃;顺着阶梯移动的镜头,跟拍平民奔逃;从阶梯顶端拍摄的行进中冷酷无情而步伐整齐的沙俄士兵,观众只能看到他们的皮靴、枪刺和他们映在阶梯上的影子;一个个平民脸部的特写,惊诧、恐惧、哀求、迷惑、愤怒交错显现。爱森斯坦运用全景和特写、对称与不对称的构图、人性的面部与杀人机器无情的行进之间的影像冲突,有效地表达了人民为什么要起来反抗沙俄统治的革命主题。

虽然广播不能像电影、电视那样运用具体的影像和剪辑手段来呈现意象，但是可以寓意象于形象化的语言叙述和描写之中。

在主流话语的建构中常常需要解决"需要这样做"和"不能这样做"的问题。所以，广播影视语言传播不仅展示社会上的新鲜事，而且还引导人们怎样去适应社会秩序，并且明确告知不适应就会受到谴责。当然，这种谴责不是简单地训斥，而是要将不守准则的行为置于特定的具体的场合之中，让行为很自然很鲜明地显示出它自身的荒诞性、不合理性和理应受到谴责的特征。这时，即使在广播影视语言传播中没有给出明确的责难，也能让人感觉到责难无处不在。

社会总是在不断进步，进步必然打破既有的平衡，社会的问题也因此发生。而体制总是趋向于保守和传统，回避问题成为一种意识形态策略。为此，在广播影视语言传播中常常需要建构一个虚拟的现实，以达到取代真实的现实的目的，来引导人们的认知。以中央电视台举办的春节联欢晚会为例：晚会现场观众和通过电视收看节目的观众都是在参与一个举国同乐的活动。在精心设计的晚会上由歌手唱出的歌曲，歌颂政府的目的巧妙地藏于个人行为之中。这首歌曲本来只是晚会的一个节目而已，咱们老百姓真呀真高兴最多也只是在观看节目、参与娱乐这一特定场合特定时间内的事实，但是歌曲通过这一次机会得以流行开来，这时其就被当成了一种普遍的社会现实和社会认同。即使真相并非完全如此，但只要这时歌曲在全国唱响，你的认知、你对政府的评判就会被控制在这种转换中。

（二）建构社会关系

人总是生活在社会关系之中，而且人总是希望在所处的社会关系中能够处于有利或者至少与人平等的地位。但是，由于权力机会和物质财富发展的有限性，任何社会体制都无法保障完全的人人平等。因此，作为体制之下的大众媒介不可避免地需要承认现实的无奈性，同时为了维护体制的稳定性需要付诸两种行为，一是依靠媒介传播解释甚至固化现实的不平等性，二是依靠媒介传播在观众中建构现实平等的幻象。

美国学者本·巴格迪坎指出：媒介缺乏公共批评，针对个人的批评也总是持着一种双重的标准，对有权势者的恶行视而不见，而对老百姓的过失却喋喋不休。这样，大众被媒介越来越驯化了。这里，媒介的行为显然是为了固化现实的不平等。而为了建构现实平等的幻象，波德里亚认为媒介广告是最为有效的手段，他说："和神话一样，广告频繁地制造一切虚幻的平等，解决社会的矛盾，提供认同性的榜样，以及赞美现存的社会秩序。例如，喝百事可乐与其说是消费一种碳酸气饮料，还不如说是在消费一种意义、一个符号———种社群和平等的感觉。在这则广告中，资本主义摧毁的某种价值（社群、平等），通过这则广告又仿像地回到社会中。"

即使是一些藐视公允的谈话类节目，看上去似乎各个阶层的代表都有，而且各个阶层的代表在谈话中都有机会表达自己的观点。但是，只要多加留意不难发现巧妙地操控手法以及在热闹的平等的表层下的不平等。首先，谈话总是由主持人来控制的，包括摆出问题，提出问题，把握谈话的框架、边界，对发言权的分配等。

要在有着平等形式的讨论节目中，使讨论的目标与不平等的社会关系保持一致，布尔迪厄认为首先必然有事先策划好的演播程序。精心地选择所要邀请的人，和接到邀请的人先谈一谈，确定讨论的边界和框架，这时可以形成某种演播脚本，每个嘉宾都按定下的模式去做。一般不会有位置留给即席的、自由的、任意的发言，因为这太冒险，甚至会危及主持人和他的节目，但是有时节目又需要有交锋的效果，节目主持人就要善于去激发、去推动谈话的过程，同时，又要善于把握火候，时时掐紧边界的弦，做到收放自如。布尔迪厄是这样论述的："主持人分别发言权，分别表示重要性的各种标记。某些社会学家已经尝试把非语言的隐含成分从言语交流中分离出来：我们通过目光、沉默、手势、模仿或眼睛的运动，可以表达和言语一样丰富的内容，还可以通过音调和其他形形色色的东西，因此人们袒露的要比能控制的多得多。有那么多表达的层次，哪怕就言语本身这个层次而言——就算我们能控制语音层次，我们也无法控制句法层次等——也没有人，哪怕是自制力最强的人，能完全控制自己的言语，除非他是演戏或做木头人不说话。主持人就是通过他不自觉的言语，通过他提问的方式和语气的改变来介入、来干涉的。"

（三）建构生活方式

生活方式是一种生活的习惯、风尚，它是人的精神、尊严的体现，也是社会发展和文明进步的表征。社会在不断发展，文明在不断进步，每天都在上演着现在与过去、先进与落后、文明与鄙俗的对话和交锋。这就是说需要以经常性的批判来审视一个时期、一个地方的生活方式,来发挥移风易俗的作用。这里所说的"批判并不是一味地对一个东西进行谴责,或抱怨某种方法及其他东西,也并不意味着单纯的否定和驳斥。就批判而言,我们指的是一种理智的,最终注重实效的努力,即不满足于接受流行的观点、行为,不满足于不假思索地,只凭习惯而接受社会状况的那种努力;批判指的是那种目的在于协调社会生活中个体间的关系,协调它们与普通的观念和时代的目的之间的关系的那种努力。"

批判在电视节目中可以有不同的表现。有的节目以事实说话,对所关注的事件及事件所牵涉的各方行为态度的好坏,或褒扬,或贬抑。有的节目,对社会上的一些不良现象或不良行为作直截了当的评论或抨击,尤其是对一些民愤过大的事件或行为,为快大众之心,不惜以率性的粗口或痛快的谩骂加之。无论前者还是后者,都是就事论事,都还只是停留于反映生活的层面,还未上升到建构制度、文化、人性以及生活方式的层面,所以就节目的目的与效果而言,虽然告诉了我们在社会中、在生活中,有哪些好的行为或事件,又有哪些坏的行为或事件,但是好的行为或事件具体如何去发扬,坏的行为或事件具体如何去改正,节目却没有承担起这个责任,而是把这个责任推回给生活,推回给社会,瞩望于自生自灭地解决,节目赋予观众的角色只能是旁观者的角色,节目未能成为生活的建构者,观众也就无法成为生活的建构者。

秉着建构生活的目的,广播电视节目的批判应该是致力于人的日常生活方式的批判,应该贯穿于人的生活过程和人生经历之中,以最生动最真实的日常生活叙述出最令人心动或最令人心惊的人生故事:人所经历的成败,人所招致的祸福,人所遭遇的悲欢离合,是因缘于人对善的生活方式的坚守或对恶的生活方式的放纵;人所处身的社会的腐败,人所交往的人性的堕落,人所面对的官场的黑暗,是因缘于制度的不完善,还有人的姑息或被蒙蔽。有了这样的贯穿,广播电视节目所展示的就不只是一个单纯的事件或一种单纯的观点,而是一种生活、一种人生的过程、追求和起伏,一种文化和制度的反思,它不但告诉了观众有什么,而且告诉了观众怎么做,广播电视节目成为生活的建构者,同时又以自己的影响力让受众也成了生活的建构者。受众通过节目明白了这样的道理:一切生活的好坏都是因人而生,一切解决问题的方法都在人的生活中,生活的建构者绝不是神仙皇帝,而是人自己。

日常生活中有很多事情是公然的,也是常见的,平时是谁都不以为奇的,而且自然是谁都毫不在意的。不过事情在此时却已经是不合理,可笑,可鄙,甚而至于可恶的。但这么行下来了,习惯了,虽在大庭广众之间,谁也不觉得有什么不对。城市电视节目要承担责任,以日常生活批判去建构起一种进取的生活方式,就需要介入进这种生活状况之中去,给它特别一提,让人如梦方醒、恍然大悟。《读者》杂志上曾经刊登过一篇文章,文章提到一位中文说得很好的外籍教师,在一次聚会上郑重地提出了这样一个问题:"你们中国人,为什么只把笑脸留给熟人?"这位外国朋友通过自己的经历和观察发现,在大街上,中国人相遇,彼此木然地擦肩而过,这时如果他们突然发现是熟人,就会停下来寒暄,于是两个人的脸,突然冰雪消融般地绽开笑脸。买东西也一样,一家豆腐店的老板,在不认识之前,什么都要卖给他,而混熟之后,就会悄悄地告诉他哪种豆腐里有石膏,哪种豆芽里加了催长素而不卖给他,而对别的陌生人,却照样卖。中国人只把善意和笑脸留给熟人。"难道在中国,没有一个恒定不变、放之于所有人身上都一样的价值标准吗?"外国朋友有些情绪激动地说出他的困惑。而在座的人听完之后,有的说他钻牛角尖,有的说他不了解中国国情。最后文章通过文化和社会的分析得出:这种现象与中国人待人"望之俨然,即之乃温""逢人只说三分话,不可全抛一片心"的传统有关,而带来的社会问题是互不信任、关系为上、多重标准等。作为一个外来者,外国朋友以第三只眼,看到了我们早已熟视无睹的细节,而困扰我们的社会问题,常常就潜藏在这小小的细节中。广播电视节目的日常生活批判也要锤炼出自己不满足于接受流行的观点、行为,不满足于不假思索地,只凭习惯而接受社会状况的"第三只眼",善于在熟视无睹的细节中发现深刻的社会问题,并以生动的人生经历揭示出解决的方法和途径。

　　在中国文学史上有一部专注于日常生活批判的代表作《儒林外史》。闲斋老人在《儒林外史》序和回评中指出,《儒林外史》虽"直书其事,不加断语",仍能将"家常日用米盐琐屑""世间最平实而为万目所共见者",表现得"活色生香,呼之欲出""如铸鼎象物,魑魅魍魉,毛发毕现""是非立见",使人"读竟乃觉日用酬酢之间,无往而非《儒林外史》"。人人都有向善之心,如果城市电视节目在日常生活的批判上,能做到此种境界,必定能为观众所喜闻乐见,并取以自镜,在城市电视的竞争和城市文明的创建中发挥重要的作用。

　　古代希腊的思想家们确信是人的理性对话使人成为人。对理性问题给予理性回答，人的知识和道德都包含在这种循环的问答活动中。正是依靠这种基本的能力，人成为一个"有责任"的存在物，成为一个道德主体。

广播、电视谈话节目是对话的一种样式。目前，一些广播、电视的谈话节目在对象上，或访谈明星，或请教官员，或咨询专家，或对话事件当事人；在内容上，或抛售隐私，或说教政策，或卖弄学问，或诉说悲欢。观众对于节目而言，只是一个被动的旁听者、接受者，对话并未成为观众理性的来源，共识的来源，而只是消费的一种形式。

虽然对话是一个经久不衰、无所不在的媒介，它渗透在一切时代、一切地方，但是对于社会的生活者而言，对话更重要的意义是激发对于公共事务的兴趣和公共利益的关心，并且基于切身体验和深思熟虑的意见交换，达成对于公共问题的共同意见和民主决策。理性的城邦民主和城邦生活，被视为古希腊雅典文明不朽的创造。在古希腊雅典人看来，通过对话和讨论实现自治、自我约束、个体的责任、与他人的关系、直接表达对城邦的生活的各个方面的看法，这些都是生活的关键；如果他一天中没有参与任何政治中心的活动，他会认为这并不像一个真正的人的生活，所以当时著名的演说家狄摩西尼把那些对公共事务不感兴趣的人称为"逃避城邦生活者"。

在现代社会中，社会阶层的分化、利益诉求的多样性日趋复杂。社会中的每一个人都首先是一个生活者，由于城市生活的集中性，城市中存在的任何一个公共的问题都会是一个私人的问题，对于问题的感觉、体验以及解决的方法、措施，生活在这个城市之中，深受问题影响的人们最有发言权。西方公共新闻的核心理念就是承认"住在同一地区的老百姓比市府官员和专家更了解该地区存在的问题以及解决问题的方法"。把握与人民日常生活息息相关的问题，通过广播、电视节目，可以将每一个观众组织进入一个具有现场参与实感的集会场域之内，形成经常的、广泛而畅达的对话平台，发挥出同过去城市广场民主集会一样的作用，在社会中建构起一种理性的生活方式，调动和集中群体解决问题的智慧和热情，将观众对兴趣的关注，进一步转化为对利益的关注、对智慧理性的关注。有了这种调动和转换，社会的科学发展、和谐发展就有了成熟和恒在的理性的支持，广播、电视节目就有了广泛的收视效应。

广播、电视对话除了要展示出对话参与者相互交锋的那种个性、氛围之外，更要展示出发现问题解决问题的那种理性。广播、电视对话并不限于面对面谈话的方式,以下面的事件为例:武汉城内有一处叫小东门的地方,交通堵塞现象很严重。市民多次反映,但多年来一直没有解决。交管局的说法是,由于路况复杂,经专家反复论证无法找到解决问题的可行办法。有一位市民不认可交管局的这一说法,在小东门蹲守两个多月,经反复观察、揣摩、修改,终于设计出了一套解决问题的方案和图纸,而且实践证明这套方案很有效。在这里,这位市民是以自己的行动和交管局的说法进行了一次很好的对话,而且通过媒体的报道,这次对话所产生的效果并不只是解决了小东门交通堵塞的问题,它还引发了许多足以引人深思的其他问题。要做好电视对话节目,就要善于以这样的眼界去发现对话的事件和方式,去揭示对话中所牵涉的问题的广度和深度,去营造对话的效果,去建构城市中人民依靠自我理性协商解决公共问题的热情。

中国古代思想家荀子说:"人生不能无群。""合群"是人的一种本能,正是人的乐群性本能驱使人们相互亲和。人类相互亲和最主要的方式是共同参与群体性活动,人们只有在参与中才能找到自己在群体中的位置,才能感觉到群体中的相互影响,才能认识到自己和群体是有着共同目的、共同利益以及共同的志趣爱好的。

现代生活尤其是城市生活中,细化的社会分工,激烈的生存竞争,人与人之间的缺乏关爱和信任,使相互交往和共同参与的兴趣日渐淡漠,人们之间的隔离日渐加深,孤独的城市人群也就出现了。杜威认为,参与性互动的消失或扭曲,是现时代最突出的异化特征。对于现代城市的人们而言,也正是这一深深的异化,让他们在内心深处潜藏着一种深深的渴望,渴望在生产活动之余,还能够在其他方式的群体参与中表现自我、传达理性或释放激情。如果对这种渴望缺乏健康的组织和引导,打牌赌博、打架斗殴等不健康的生活方式就会在城市流行。

广播、电视节目以批判的方式建构进取的生活方式,以对话的方式建构理性的生活方式,都需要广泛的观众的积极参与和自觉行动。为此,广播、电视节目要紧紧扎根于城市日常生活批判和公共事务对话,要建构起观众参与批判、参与对话的开放空间和畅达渠道。观众参与社会日常生活批判和公共事务对话,这主要是理性层面的参与;除此之外,观众还需要有运动、娱乐和休闲之类感性层面的参与。广泛的理性层面的参与,能够建构起一个社会的公共理性、科学发展和社会和谐,而广泛的感性层面的参与则可以推动文化产业和服务产业的发展。湖南电视台吸引参与的娱乐文化,使整个长沙成了一个娱乐休闲的好去处。到了周末,四面八方的许多人会赶往长沙去娱乐休闲。

任何参与都既可以是单独的个人行动,也可以是广泛的群体行动。古罗马诗人尤维纳利斯认为,满足大众需要、维护社会和谐需要面包和竞技。无论是理性参与还是感性参与,都可以通过竞技这种方式,将单独的个人行动转化为广泛的群体行动。《一虎一席谈》是以竞技的方式,来吸引理性的论争和思考;《状元360》是以竞技的方式,来吸引各种生活和工作的技巧、智慧的较量,在较量中既有感性的竞技,也有理性的竞技。

广播、电视节目要吸引广泛的参与,在竞技方式的运用上要走进社区、单位、家庭,要紧扣百姓日常生活,激发起受众思考新生活、计划新生活并且付诸行动的热情。譬如逛街,它是城市女性最喜欢的一种休闲方式。如果电视栏目能始终围绕着一种生活的目的,让逛街的过程成为一个竞技的过程,一个叙述的过程,在竞技中叙述出逛街过程中高下不同的技巧、乐趣、发现、故事、收获、感受甚至奇遇等,让喜欢逛街的女性产生很好的共鸣和关注,那么,参与性互动的效果就会在逛街的电视节目和逛街的女性嗜好之间产生。

在广播、电视节目创新中强化生活建构意识,既不是要主观地虚构,也不是要一味地迎合,而是要既以生活为基础,又以生活为目的实现广播、电视与广大受众之间的互动。有了这种互动,就能提高关注度、汇聚行动力,同时增强广播、电视节目提升生活、参与竞争的能力和主动性。建构进取的生活方式、理性的生活方式、行动的生活方式在广播、电视节目竞争和精神文明建设中大有可为。

三、建构社会影响力的媒体异征

广播、电视、电影作为不同形式的大众媒介,一方面,分别有着各自不同的技术传统和实践经验,在建构社会影响力的过程中,各自在语言传播上的特长和优势都会得到很好的形成和发挥;另一方面,广播、电视、电影已经有了一段比较长的既共处又竞争的历史,因此在语言传播上的相互影响和彼此借鉴也就不可避免,甚至可以说是十分自觉和积极的。着眼于改善广播、电视、电影语言传播的手段、方式,提升广播、电视、电影建构社会影响力的水平、效果,对广播、电视、电影各自在语言传播上的特长和优势,以及它们之间的相互影响和彼此借鉴做出较为详尽的研究很有必要。

(一)"热媒介"与"冷媒介"

这是麦克卢汉关于媒介分类提出的两个概念。"热媒介"传递的信息比较清晰明确,接收者不需要动用更多的感官和思维活动就能理解。"冷媒介"传递的信息少而模糊,在理解之际需要更多的感官和思维活动的配合。例如,一张照片是清晰的,而一幅漫画中的形象比较模糊,需要人进行联想和思考。前者属于"热媒介",而后者属于"冷媒介"。有人说电视提供的信息明确度高是人所共知的,为什么麦氏认为电影是热媒介,而电视是冷媒介?麦克卢汉的冷热媒介论在冷热媒介的界定上本身就存在诸多争议,对于麦氏的理论我们并不是一定要认为他对或是错,重要的是他的理论开拓了媒介理论研究的视野,具有创新意义,它给我们的启示是:不同的媒介作用于人的方式不同,引起的心理和行为反应也各具特点,研究媒介应该把这些因素考虑在内。

"冷媒介"意味着"低清晰度",所提供的信息明确度低,其传播对象在信息的接受过程中需要发挥丰富的想象,参与程度高。所以,媒介冷热说虽然众说纷纭,但是媒介冷热说却开创了从受众参与角度来划分媒介的先河,同时也提醒我们要重视各个媒介的个性,从媒介个性出发来研究媒介。因此把握参与程度这个核心来划分热媒介与冷媒介可能更具实用性。"热媒介"就是那种人的参与程度不高也能获得信息的媒介。比如,电影这类媒介,由制作方出品后就不再需要受众进一步地参与来完成作品本身,其作品本身构成媒介,它的完成度高。而传统印刷品由于使用文字编码,人们要获得印刷品上的信息一定要有文字识别的技能,这样一来所有的印刷品传媒就相当于是开放的作品,虽然作品本身也是完成的,但它的解码方式由不同的阅读者依不同的阅读方式而定。在这两种媒介中分别都有两种极端,有极热的媒介,也有极冷的媒介。极热的媒介,比如电子游戏,既有高清晰度的编码方式,又需要高的参与度,其基本的操作就是一定逻辑文本,因此参与的个人能动性小,有时不同的使用者虽然有不同的解读,但不至于破坏规则。极冷的媒介,比如口语媒介,参与程度直接受到交流者的制约,但参与者本身面对的同样依然是开放的媒介,事先不会知道交流者要说的是什么,参与的个人能动性及未知性大。之所以这样定义两种极端,是因为极热媒介是友好型媒介,通过它我们可以知晓我们想知道的,屏蔽不想知道的信息,而极冷媒介带有大量冗余,可能带有我们不想知道却具有价值的信息。因此可以说,极冷媒介更具有商业价值。在两个极端之间有中介的,不冷不热的媒介,比如,电视媒介,虽然它很像电影这类热媒介,但由于有中插的电视广告,有许多频道可供选择,无形中我们通过遥控器做着剪辑的活动。

一种传播活动,如果给予了受众很好的参与的机会,那么受众就会感觉到这种传播活动与自己密切相关,从而去关注它、重视它、接受它,并不惜投入自己的时间和行为,以达成自己在传播活动中的某种表现或某种目的。而这种结果恰恰是广播、电视传播活动都想追求的效果,它能带来的最明显、最直接的效应是持久的高收听率或高收视率。当前,在广播、电视中出现了许多参与性很强的连线节目,譬如国内很多广播台都开办有的《行风连线》节目,节目演播室通过电话连线对广大观众开放,观众的投诉可以直接反映到演播室,节目的内容由观众的投诉、主持人的受理、演播室邀请的嘉宾即政府官员的解答共同构成。再譬如有许多电视谈话类节目,主持人和邀请的嘉宾在演播室就某个话题展开讨论,而观众可以通过网络或电话连线发表自己的观点,直接参与主持人和嘉宾之间的谈话。在这里,前者听众的参与是基于自身的利益,后者观众的参与是基于自身的兴趣。

其实,任何的参与都是基于这两点:利益和兴趣。进入21世纪以来,网络新媒体对传统媒体造成了冲击,同时,人类生存环境日趋恶化,而社会保障制度却出现危机,人民在生活中已经没有太多的闲情逸致一味充当媒体说教的看客,而是面临越来越多的冲突和问题需要解决。这就是媒介生态位发生改变需要重新考虑的问题。2000年美国电视媒体开始探索新闻报道的大转向:"新闻报道深入社区,深入基层,不但摆出问题和冲突,而且还教会人们解决问题和冲突的办法。"由于在赢得收视率方面取得了成功,这一转向被概括为"2000年新闻的基本经验"或"市民新闻学""公众新闻学""社区新闻学""受众驱动新闻学""市场驱动新闻学"作为大学传授的课程内容。新闻报道社区化、市民化的这一理念在中国电视业界的应用,则是结出了"民生新闻"这一硕果。民生新闻关注的不再以为官者的出场,为官者的业绩,为官者的形象,为官者的声音为主,而是老百姓的冷暖、老百姓的呼声,为百姓办事,让百姓说话,而且这种关注是深入现场,以活生生真切切的画面来呈现。民生新闻获得了老百姓的广泛关注和参与。现在有人说民生新闻的风头已经过了,其实只要民生的问题还大量存在,民生新闻的风头就还会旺,关键是我们在民生新闻的报道上要与时俱进,与人们的需求俱进。其中一个最可行的方向是紧扣老百姓的利益和兴趣这个核心,在民生问题的关注和解释上更切合百姓痛痒、更关乎体制政策,在民生问题的解决上给予更加专业的、更富同情心的、更为有效的服务。

吸引观众的参与除了要把握观众的兴趣和利益,还要强调一种过程化意识。过程化意识的落实与节目环节的设计密切相关,环节的设计既要符合节目发展的逻辑以及观众的期待,又要一环套一环,让观众难以预料,在一个又一个的悬疑中尽情展示过程的魅力,调动起观众的期待,让观众守着不放,直至所有的谜底揭开。

以电视栏目剧这种叙事性节目为例,电视栏目剧是用戏剧的手段来表现新闻事件,无论是形式还是内容,都需要重视故事。电视栏目剧对故事的表现可以分为外在性的表现和内在性的表现两个方面。外在性的表现就是诉诸场面,给人带来感官刺激上的满足,为了强化这种刺激,有些电视栏目剧会极力去表现场面的暴力、血腥还有色情。内在性的表现就是诉诸情节和结构,情节和结构是对人物生活故事中一系列事件的选择,这种选择将事件组合成一个具有战略意义的序列,以激发特定而具体的情感,并表达一种特定而具体的人生观,给人带来心理认识上的满足感。

故事被称为人生的设备,人类对于故事的嗜好是广泛的、深切的。故事的真正目的以及我们对故事的深层需求应该是不断地设法捕捉人生的模式,整治人生的混乱,挖掘人生的真谛,所以电视栏目剧不应该致力于满足观众的感官刺激,在暴力、血腥、色情这些外在性的场面因素上做文章,而是应该在情节和结构上下功夫,来表现出故事本身情节发展上的冲突性、丰富性和吸引力,以及人生思考上的感染性和内在张力,来引发观众对于人生价值的共鸣、情感的共鸣。

结构故事的材质是鸿沟,是期望发生的事情和实际发生的事情之间的裂开的鸿沟,是期望和结果之间、或然性和必然性之间的断层。就像栏目剧《私家车》《讨债》中所展示的那样:没有车子有很多的烦恼和不便,买了车子或许就可以解决这些烦恼和不便,但是,事实上,车子买回来后,生活还是那么充满烦恼和不便。借钱给朋友本想可以轻易要回来,哪知朋友却死活不还,本想借据在手,可以上告法院,朋友迫于法律的压力应该会把钱还回来,没想到借据在朋面前被风吹落河中,沉没得无影无踪,没有了借据,朋友根本就不承认借过钱,钱注定要不回来了,但是出乎意料,最后朋友却主动把钱还了。这些就是故事的鸿沟,它们很好地引发了一系列的冲突,而冲突是故事进展的动因,只要故事的冲突占据着观众的思想和情感,观众就会不知不觉在时间中随节目而旅行。

(二)言语性媒体和影像性媒体

言语性媒体是指以言语为传达手段和载体的媒体。影像性媒体是指以影像为传达手段和载体的媒体。广播显然是言语性媒体,它纯粹以言语来传情达意。电影则是影像性媒体,电影以影像来表现具体可感物,并在表现具体可感物的同时,表达主观意义世界。电影中即使有言语的出现,它也是从属于影像的。电视既具有言语性媒体的特征,也具有影像性媒体的特征。当电视以言语性媒体的特征为主时,也需要有影像来做出某种直观性的补充,或叙述、或佐证、或渲染、或说明、或隐喻等;同样,当电视以影像性媒体的特征为主时,也需要有言语来做出某种明确性的补充,或叙述、或解说、或串联、或转换等。

言语性媒体要充分发挥言语的功能和美感。眼睛看到,耳朵听到,就可以用言语播报和评说,所以,对新闻事件即时即地的现场直播成为广播的优势,还有,言语是思想的外壳,而思想能让人释疑解惑,好的广播评论性节目和话题性节目自然能获得听众的青睐,此外,言语的许多特征和样式,譬如对故事做出绘声绘色的讲述、对情感做出淋漓尽致的倾诉、对人物和事件做出幽默的讽刺和调侃、对生活做出情趣性的表达或者详尽和细致的指导,这些都能让听众身心愉悦、受益匪浅。

当前,国内交通广播的伴随性节目势头很好,这是因为伴随性节目样式能很好地发挥出言语性媒体的各种优势,能充分展示出言语的各种功能和美感。

新媒体尤其是网络新媒体,它的最大的优势是它的互动性。在新媒体时代要将广播节目做出彩来,将节目的互动性做活是一个不错的选择,而将互动性做活的关键是要做好广播节目关涉的两个场:现实生活的场和主持播报的场。

在媒体竞争日趋激烈的今天,我们的节目不能满足于做好,还要努力将节目做出一种境界来。沿着这样一个方向,可以改进节目的播报方式,实现节目由入耳的轻松语境到人心的愉悦情境的提升;可以强化新闻和话题的策划,实现由节目制作者向美好生活方式的创造者的提升;可以拓展现实生活的场和主持播报的场。现实生活的场中可以引入现场记者的采访报道,拓展节目在反映现实生活上的主动性;而主持播报的场可以通过其他人的引入或者其他元素的引入,拓展节目在互动上的丰富性、多样性、灵敏性以及令人满足的那种感觉,从而使节目更出彩、更诱人。

言语性媒体是以有声语言来实现传播。声音具有模拟和具象的功能,在影像性媒体的影响下,用"音响画图"来达到广播录音报道的现场性和影像性效果成为广播创新创优的重要手段。"多年来全国优秀广播节目评选中,许多佳作正是尽力选用能体现主题的有声语言。因为有声语言有丰富的表现力。它起伏大,变化多,能表现出多种复杂的感情,有利于感情的传递……"描绘生活的音响画图,可以成为看得见的声音,使人听了如临其境。这种听觉可以通向视觉,用有声语言表现生活感受,解读生活意境,能使录音报道的社会功效发挥到极致,增强报道的可信性和感染力。采录现场音响不是有闻必录、有声必取,而是精选采录那些和报道有关,能深化主题,有对比意义的典型、生动的现场音响。

影像不像词汇那样是自在的符号,它也不是任何事物的符号,它是通过与其有关的事实整体,才能具有特定的意义和表意能力。也就是说,影像性媒体强调的是一种镜头思维。影像镜头分为三大类:远景、中景、近景。远景强调人与环境的关系,中景注重人与人之间的关系,近景则突出人物的情态。长焦镜头暗示远远的旁观与关注,空镜头借景写意,触景生情,近摄镜头喻示的是一种逼视感,特写镜头能消除我们在观察和感知隐蔽的细小事物时的距离障碍。"好的特写能在逼视那些隐蔽的事物时给人一种体察入微的感觉,它们流露出一种难以言传的渴望、对生活中一切细枝末节的亲切关怀和一股火热的感情。优秀的特写都是富有抒情味的,它们作用于我们的心灵,而不是我们的眼睛。"

通过移动摄影造成景框及其影像空间变化,分为沿着光学轴线运动的推拉形态,沿着水平或垂直方向运动的摇与甩摇或俯摇、仰摇形态,围绕着固定水平轴进行垂直运动的升降形态,跟随被摄物体同步运动的跟拍形态,沿其种种规则或不规则路线移动的移拍或旋转镜头形态,不规则运动拍摄的晃动、滚动形态以及综合运动式镜头形态。影像的空间造型就是在观众心中塑造事物的整体印象,由一组连续的,互为补充的镜头来完成,有时也有可能是以一个长镜头来完成。

叙述剧情的分镜头是一项解析活动,进行技术汇总工作的蒙太奇是一项综合活动。"分镜头和蒙太奇是同一事物互为补充的两个方面。一个属于意图,另一个属于实施,两者不可或缺。唯一的区别在于,分镜头不仅是一种前蒙太奇和前场面调度,它的任务还在于设计人物和情境的演变,安排故事的结构。"分镜头和蒙太奇都是影像传播者为了传达某种意图而采取的调动手段,这些调动手段的运用归根结底需要符合事件及情节发展的需要和逻辑、场景构成和气氛表现的需要和逻辑、人物性格表现和行为表现的需要和逻辑、观众收视期待和接受心理的需要和逻辑。由于电影中人物的语言从属于影像,所以人物的语言也要符合人物所处的情境和语势,也就是说人物的语言要融于情节之中,符合情节的发展,或者甚至是能推动情节的发展。

电视既具有言语性媒体的特征,也具有影像性媒体的特征。但是,在处理影像和言语的关系上,需要更多地强调影像手段和影像思维,通过影像手段和影像思维能够做出恰当表达的,绝对不要画蛇添足地去使用言语的手段。即使是在一些电视谈话类节目中,也不要忘记影像始终是电视化传达的核心或者说标志。也正是在这一点上,电视被称作特写性媒体,所谓特写性媒体包括强调现场、画面、镜头和细节,以及围绕看点展开的叙事方式等。譬如,在一期法制类的谈话节目中,谈及的是因钓鱼竿触及高压电线致使身亡引发的法律纠纷,纠纷的关键是:死者方认为电线杆的高度没有达到安全规定,没有设置警示牌;而供电方则认为电线杆的高度达到了安全规定,也按规定在必要的地方设置了警示牌。纠纷的关键也是观众亟待了解的关键,而且这个关键需要有现场来说明,就是应该通过现场的特写来回答鱼塘所在地,应该适用荒凉地段的安全标准还是人员活动密集地段的安全标准,但是节目中没有很好地运用画面、镜头、现场特写来回答这个问题。电线杆因高度的问题成了致人死亡的杀手,而且可能在别的地方同样潜伏着这样的杀手,这是一个需要引起重视的大问题,如果节目在叙述中,能突出这个"杀手"的现实存在和危害性,可能节目的警示性和冲击力会更强。电视始终是一种感性化的媒体,调查性镜头、特写性镜头的引入,能提升电视谈话节目的说服力,能更加彰显出电视谈话类节目独到的魅力。

镜头剪辑是电视节目制作的基本手段。节目剪辑开始由简单的排列组合型进入复杂的"创作"型时代。在剪辑镜头时,需要从叙事和节奏两个方面综合考虑各种因素,从而正确把握剪辑时截取的镜头片段,并恰当地进行排列、组合与转换,以产生最佳的视听造型与表意效果。镜头剪接率是帮助形成电视节目外在表现形式节奏的一个重要因素。选择镜头,不仅要使其叙事清楚,还要认真考虑通过镜头长度的变化以形成电视节目的表现形式节奏。如果可能的话,应先使镜头成组,然后注意有意识地控制一组镜头运动变化的形式和镜头长度,使它们呈现出有规律的变化,这样,就能比较容易造成视觉上的节奏,也比较容易与内容情节节奏和听觉节奏相互配合。如果编辑处理时,镜头长短不一、变化无常,画面表现上的视觉变化节奏就很难形成。由于剪辑工作是个艰苦烦琐的过程,在完成初步剪辑工作之后,检查工作有以下四个方面:

(1)检查逻辑表述:叙述是否符合真实性原则,是否符合生活逻辑,条理是否清楚,内容之间的联系是否合理自然。

(2)检查意义表达:结构是否完整匀称,意义表达是否准确,效果是否达到目的等。

(3)检查画面:剪接点选择是否恰当,符合不符合基本的影视语言规则,有无技术上的失误,运动的把握是否流畅,场面过渡是否自然。

(4)检查声音:质量是否符合技术标准,声音是否连贯,与画面同步与否等,在编辑画面时,除了依据结构选择合适的素材之外,还必须考虑到解说词内容。

(三)生活化叙说与文化性表达

文化学家雷蒙·威廉斯说,文化即生活。所以生活化叙说和文化性表达并非对立的两极,而是对生活的不同层次做出反映时两种可以相辅相成的手段。生活化叙说所要表现的是生活的真,文化性表达所要表现的是生活的理。生活的真是千真万确的生活的本来面貌,它的原有的悲喜,它的活生生,它的有血有肉,它的摇曳多姿,它的细枝末节。生活的理是感同身受的生活的本来意义,它的前因后果,它的好坏善恶,它的应该与不应该。

中国的广播、电视、电影一直被赋予党的"喉舌"的身份。党的利益与人民的利益高度一致,被视为每一个中国共产党党员必须坚守不移的信条。但是有个别共产党官员,将党的利益和人民的利益对立起来,对行使舆论监督权的记者堂而皇之地责问:作为记者是替党说话还是替老百姓说话?当官员把自己的利益和党的利益等同起来,而和人民的利益对立起来的时候,他就会滥用权力,要求他掌控之下的媒介为他服务,为他说话。媒体如果对此不进行抵制,党的喉舌就会蜕变为权力的喉舌,就会越来越背离党的宗旨,远离群众远离生活,成为高高在上的权力的宣传者、炒作者、帮腔者。此时,媒介虽然能够得到权力的青睐,却会得到广大老百姓的鄙弃。

要恢复媒介报道和反映的生活感染力,要重塑媒介报道和反映的社会公信力,途径只有一条,就是媒介的报道和反映必须扎扎实实地去"贴近群众、贴近生活、贴近实际",就是在全国新闻战线开展的"走基层、转作风、改文风"活动必须认认真真付诸行动,见出成效。基层是生活的第一线,基层是新闻工作的源头活水。只有到了一线,完成传播者向生活者的换位,真正投入到群众生活的现场中去,真正融入群众生活的氛围中去,才能抓住鲜活的事件,才能收获真切的感受,才能真正做到和群众心意相通,这时,作为传播者所传播的某一发现才会是群众真实的表现,所传播的某一看法才会是群众真实的看法,所传播的某一诉求才会是群众真实的诉求。

麦尔文·曼切尔在《新闻报道与写作》中指出:"记者必须学会用孩童般的眼睛观察世界,他把每件事情都看作是新鲜的、各具特点的;同时,他必须用聪明长者的眼光洞察世界,能够区分出有意义的东西和无意义的东西。""孩童的眼光",需要一直保持对生活的兴趣、热情和好奇心,聪明长者的眼光,是一种历史的、经验的、理性的眼光,更多地表现为一种文化的视野和文化的反思。

现代意义上的"文化"最先源自英语中的"culture"一词。英文中"culture"这个词的一个原始意义就是"耕作"(husbandry),或者对自然生长实施管理。"文化"是先表示一种完全物质的过程,然后才比喻性地反过来用于精神生活,于是这个词在其语义的演变中表明了人类自身从农村存在向城市存在,从农牧业向毕加索,从耕种土地到分裂原子的历史性的转移。用马克思主义的说法,文化这个词语使经济基础与上层建筑在一个单一的概念之中得到了同一。如果文化的原始意义是耕作,那么它既暗示着规范,又暗示着自然生长。即使文化的概念发展到了今天,但其原始的精神始终存在:主张一种有度的合理的自由。文化是人类在一种历史维度上自我反思和自我完善的过程,倡导既尊重历史和传统反对全然任意的自由,又反对僵化、保守和绝对严格的禁锢。"文化"这个字眼本身包含着制造与被制造、合理性与自发性之间的一种张力。正是这种张力,一方面,它能够解放我们每个人身上潜在的理想或集体的自我,使我们能够与政治公民的身份相称;另一方面,文化因此是政治的解毒剂,诉诸平衡来调和那种狂热的井蛙之见，让思想不受任何狭隘、错乱、宗派性事物的侵扰，为社会的运作、政治经济的发展注入理性和和谐。此外，文化（在艺术的意义上）还界定了一种美好生活（作为文明的文化）的品质，这恰恰是政治变革在作为整体的文化（在社会生活意义上）中所致力于实现的。美学与人类学因此而得到了统一。在广播影视语言传播中既要有鲜活的生活化叙说，也要有基于人的历史、人的道义、人的使命的文化性审视和表达。有了文化的审视和表达，我们才能了解事件的历史渊源、当前状况和未来走向，才能摆脱惯性和偏见，找到正确的途径和方式，这样的表达才会有深度、厚度、价值和感染力。布尔迪厄曾经严厉地批评电视对灾难性事件的报道，没有从历史的角度去审视，仿佛连续降临的人间悲剧都是不可避免的自然事件，人们对此毫不了解，也无能为力。

文化的表达也是广播影视语言传播走向成熟的标志，因为成熟的媒体传播不但能够对客观的事件和行为"应当不应当"作出准确的把握，还能够对自身在反映和传播事件和行为时所采取的方式"应当不应当"做出准确的判断。举一个简单的例子：中国江西省德兴市李宅乡宗儒村有一个叫陈美丽的女人，被政府媒体和网友称为当下"中国最美丽的村妇"。这一赞美来源于丈夫王云林在扑灭山火中意外伤亡后，正当债主们以为王云林生前向他们借的钱再也要不回来的时候，陈美丽却认为人死账不能烂，贴出告示，决定用丈夫的死亡赔偿金偿还债务。哪怕是从没听说过，也无任何凭证的账也都一一偿还。赔偿金不够就卖东西来还。媒体得知后，开展了对陈美丽的集体赞美行动。媒体的行为却让最初的报料人十分生气，他认为他报料时，并不只是想要媒体来赞美陈美丽，而是希望通过媒体呼吁，能引起相关责任人和政府相关部门的关注，不要让英雄流血又流泪，而应当给这个弱女子更多的帮助。而媒体只关注陈美丽这一举动的美丽，没有人去关心她心里有多么难过，对未来有多么担心。媒体的这种做法是不应当的，应当的行为应该基于正义、人道和同情心。

四、社会影响力的点与面

我们经常说媒体要反映和表现社会的热点问题、难点问题、焦点问题，对这些点的问题的反映和表现，常常强调的是它们的个体性和当下性，当下发生、当下传播、当下影响。但是，有时，我们对一些问题要先放一放，多进行一些必要的调查，需要了解它们存在的普遍性、关系的全局性、影响的长期性。当然，点和面也不会有截然分明的界线，有时点的表现需要有面的提升，而面的反映需要从点的角度入手。

（一）点的叙说与点的影响

点的叙说也就是对于个体的叙说，因此成功的点的叙说所要关注的是与众不同的特定的这一个，它的鲜活、它的具象、它的情境、它的个性、它的因果、它的独特的背景、土壤。有这样一件电视作品，它记录的是"老宋家的越南媳妇"。老宋的儿子把这个越南媳妇娶回后不久，在一次车祸中双腿残废了，老宋家开始很担心，担心这个越南媳妇会忍受不了，不知道哪一天会跑回越南去。而事实上，这个越南媳妇一直在心甘情愿年复一年地坚持着履行一个妻子、一个媳妇的责任。这个专题很感人，从这一点来说无疑是成功的，但是，既然是越南媳妇，那么就应该表现出越南媳妇的独特性，而不应该使观众看完之后，感觉和中国媳妇没有什么两样，因此，从事件个性的表现上来看，这件作品又存在着不足。

（二）面的叙说与面的影响

如果说点的叙说更多的是关注个体的姿态的话，那么面的叙说要求的是在一种面的视野中或者说面的维度中来审视和解读一个事件或者多个事件的内容和影响。有些事件适合于点的叙说，而有的事件更适合于面的叙说。对事件或者生活的面的叙说有不同的侧面，譬如新闻性是一种侧面，生活性是一种侧面，文化性也是一种侧面。为了叙说的丰富性，可能新闻性、生活性、文化性都会触及，但是必定会有关注的重点，因此在事件叙说的梳理中，要根据事件的不同，恰当地选择更能引发观众兴趣、更能说出味道来的侧面。有一期"高考过后话高考"的电视谈话节目，单纯地围绕高考这一事件本身，譬如题目的难易，考后的心情，专业的选择这些表层的琐碎的问题来谈，显得蜻蜓点水，内容太散，推进太杂乱，也就无法谈出令人感触心动的东西来。如果紧紧围绕高考已成为一种中国特有的文化现象，在过去、现在、未来的历史维度中，给不同的人带来不同的命运际遇来谈，这样话题所能引发的共鸣会更广泛、更强烈、更深切。

对事件的面的叙说要大气，要站得高、看得远、看得透，要有独到的视角、独到的观点、独到的关联，要能准确地引用、准确地归纳、准确地表达。

面的叙说并非空穴来风,需要心中有生活,眼中有事实。所以面的叙说常常在夹叙夹议、边述边评的方式中进行,而且叙要有公信力,议要有说服力。

(三)点与面的辩证关系

广播影视是感性媒体,广播影视语言传播具有线性流逝的特征,它不像文字媒体那样可以从头至尾反复阅读,所以广播影视在点的叙说和面的叙说上表现出一种相互依存的关系,光有点的叙说没有面的提升,传播就没有深度;光有面的叙说,就没有具象,不符合广播影视语言传播属于感性媒体的特征和要求。所以,在广播影视语言传播中为了达到点的叙说和面的叙说的相得益彰,常常在点的叙说过程中,采用关联和隐喻的手法,很恰当很自然地延伸到面的叙说,达到点的叙说和面的叙说完美融通的效果。

我们常说"借一斑可以窥全豹",这是因为豹的一斑和全豹有着直接的关联。同样,我们在广播影视语言传播中,想要在点的叙说中达到对面的表现,我们需要对点的叙说能够关联到、隐喻到的那个面有着准确而且充分的把握。现实社会是事件的社会,现实社会的状态是由事件来体现的,但是并非所有的事件都能与现实社会的状态密切相关。西方新现实主义电影的美学主张是"把摄影机扛到大街上去"。新现实主义电影强调忠实地表现生活,大量实景的选用,自然光效的采用,使影片显现出严谨的纪实风格。新现实主义电影强调的纪实是有选择的纪实,它的选择所要达到的目标是,能够通过一件具体的日常生活的事件纪录,去反映出深刻的社会问题的存在。

在许多方面,传播者最先关注的都是具体的事件,为了充分地表达具体事件的社会意义,才有了点到面的进一步提升。这是一种方向的传播的意识流,还有另一种方向的传播的意识流,就是,有时我们最先想到的是某种面的表现,但是,由于面太过于宽泛,难以做到有一个清晰的把握和呈现,也就无法给人一种历历在目、感同身受的印象。这时,要使面的表现达到清晰可感,我们就要去关注这个面上的点,通过点的叙说去完成面的表现的具象化。如同我们面对一条平稳流淌的大江,虽然它每时每刻都在改变,如同古希腊哲人所言,人不能两次踏进同一条河流,但是,我们的感觉却是今天的大江和昨天并没有什么不同。如果这时我们把目光集中到大江汹涌奔腾的波涛上,我们的感受就不再是涛声依旧,而是"大江东去,浪淘尽,千古风流人物"的意境了。社会的变化就像这大江一样,只有把目光投射到它舒卷自如的浪花上去才能将它的巨变看得真切。

第三节　网络语言对广播电视语言的影响

　　随着互联网、数字电视、移动电视、手机媒体等新媒体的大力发展,中国已经进入新媒体时代。互联网无疑是新媒体的典型代表和核心。根据中国互联网信息中心的数据,中国网民人数在 2020 年 6 月已达到 9.40 亿人。在新媒体对传统媒体产生巨大的冲击的同时,网络语言对广播电视语言也产生了深远的影响。

　　网络语言有广义和狭义之分。广义的网络语言是指信息时代出现的,与网络和电子技术有关的进行信息交流和信息处理的交际符号。狭义的网络语言是指网民在互联网上用来交际的语言。本书所谈到的网络语言是指狭义的网络语言。

　　全新的传播环境、独特的传播方式,造就了具有鲜明个性的网络词汇。网络语言形式多样,有新词新语,可以归纳出网络语言的一些特点,如数字符号多,趋向简易化,生动、活泼、形象,幽默,不规范化。语言本身就是一个开放的系统,作为人类最重要的交际工具,它总是与社会的变革和时代的特征相符合。从当年的"文白之争"到今天的"网络语言入侵",我们可以发现,语言的确存在通俗化的趋势。

　　在网络媒体与传统媒体的互动中,网络语言对广播电视语言产生了或积极或消极的影响。一方面,网络语言进入广播电视,拓宽了其在语言选择上的自由度,使其进行表达时,在话语选择上有了更大的空间,使其语言更丰富、简洁、新鲜。另一方面,一味地求新意、求贴近性而滥用网络词汇,又会造成广播电视语言的不规范性,对社会产生不良影响。网络语言是把双刃剑,在面对网络语言方兴未艾之时,必须慎重选择,认真考虑广播电视的责任和角色,把握好节目的定位。

一、网络语言对广播电视语言的积极影响

　　网络语言与广播电视语言有着很大的不同,比如说,广播电视语言相比网络语言更规范。但两者又有着许多相似之处,网络语言活泼、幽默、更新快,而

广播电视语言要吸引受众也必须具有生动活泼、有趣、贴近生活的特点和鲜明的时代风格。在网络越来越普及,从而成为人们生活中必不可少的传播工具的今天,广播电视语言必然要受到网络语言的影响,且必然要主动吸收一部分的网络语言来贴近与满足受众的语言习惯。

"时代性是网络语言无可比拟的优势。"如今网络用语被编入汉语词典已经不是新鲜事,由此可见,网络用语有其生命力与使用价值。在广播电视语言中使用和引入一些网络语言,不仅能使广播电视语言更加生动活泼,也使广播电视节目更贴近大众,从而产生更好的传播效果,而这正是广播电视所要达到的目的。像"打的""高企""烂尾楼""蒜你狠""给力""毒胶囊""鄙视链""最炫民族风"等,都十分生动传神。广播电视是具有很强时效性的传播媒介,必须紧跟时代发展的脚步。而使用网络语言正是一种快速、引导舆论、引领风潮的体现。如果网络上已经用"被自愿"来反讽被强迫的状态,而广播电视语言还是要用"被强迫"来表达,只能失去反讽的意味,从而失去一定的传播效果。

在如今的网络环境中,有很多网络语言是网民们集体智慧的思想结晶,他们幽默风趣,机智俏皮,妙语连珠。比如说"被"字词,如"被代表""被捐款"等,生动鲜活又幽默反讽地表达了民众想要表达的意思。还有"控"字词,如"颜控""格子控"等。控,出自日语"コン(kon)",取 complex(情结)的前头音,是网络的流行词。把这种"控"名词化,本意还是喜欢,类似于常用词"迷",强调对某类物体的喜爱,语言简洁生动。这类"妙语",是广播电视语言不能错过的。再比如已经被广播电视普遍使用的词语"给力",就来源于网络语言,但如今它已经成为大众耳熟能详的词语。正是网络、广播电视媒体的共同传播,才造就了"给力"的普及。

除了一些网络妙语被广播电视语言使用,还有一部分网络语言能使表达更加简洁醒目。现在人们习惯用"门"来形容一个事件,比如说"诈捐门""泄题门""科硕门"等,这个"门"便来自网络语言,目前也被广播电视节目普遍使用。这样的表达使一个个事件有了独立性,用"某某门"就可以与其他事件区分开来,使其醒目而具有吸引力。这种网络语言被广播电视使用的话,可以增强吸引力,形成话题,增强传播效果。

广播电视媒体适当吸收、灵活运用网络语言,必然会为其自身增添时代性、贴近性和亲和力,故而不能片面禁止网络语言在广播电视节目中的使用或者无视网络语言的流行和普及。

二、网络语言对广播电视语言的消极影响

现代信息社会,媒体占据着举足轻重的地位。虽然新媒体地位呈不断上升趋势,但传统媒体的地位依然重要而关键。就广播电视媒体来说,仍然具有巨大的传播范围和影响力,以及不可替代性。

广播电视语言的不规范是由多种原因造成的。除了播音员、主持人业务素质不高和编导的粗心失职外,还有很重要的一点,就是网络语言的滥用对广播电视语言的影响。

网络语言随着即时聊天、网络互动而产生,强调通俗化、互动化和简洁化,通常具有丰富多彩又标新立异的词汇和超越常规的语法,有直白、快捷、诙谐幽默的表达等特点,但相对浅显,缺乏深度和思考。如果广播电视媒体对此类语言不加以慎用,难免会对信息的客观性、报道的平衡性造成不良影响。特别是一些商业行为和市场炒作,借用网络语言影响力,再加上网络水军的推波助澜,变相利用媒体进行宣传。如果广播电视媒体对此不加以识别,就会削减其公信度和话语力。

互联网技术发展迅猛,知识信息大爆炸,人们越来越偏爱通过热字、流行语及微博等方式来浓缩地传递海量信息。与之前的"给力""浮云"等相比,2011年咆哮体很泛滥:"有木有""亲,你肿么了""今天卖萌了吗?""你都能 hold 住么?"风行于广播电视上的网络流行语风潮越来越盛,借助媒体的快速传播,又继续强化了其生命力和传播速度。更令人担忧的是,一些媒体工作者,尤其是播音员和主持人,在借用网络用语时不加分辨,使客观、冷静的媒介语言系统淹没在戏谑、调侃的氛围中。

虽然网络语言中有很多值得广播电视语言借鉴和学习的地方,但目前阶段,网络语言的构成还比较混乱,既有表情符号、外语缩写或组合,又有新造词语、谐音文字等。如果在广播电视媒体中大量综合采用网络语言,首先可能给受众造成理解障碍。毕竟广播电视的受众群体是十分广泛的,从幼儿到老人,每个人接触网络的程度都不一样,不是所有网络语言都能被所有受众接受和理解。其次,大量使用网络语言会造成各类节目风格的混乱。广播电视媒体中各类节目的定位有很大不同,严肃性的节目和娱乐综艺性的节目在网络语言使用

的程度上肯定不一样。

尽管使用网络用语是媒体竞争的一种策略,也是广播电视媒体争夺战的必然选择,但这仅仅关注于媒体的经济效益而淡化了社会准则,对于整个语言文化和媒介用语都有着巨大的冲击。肩负语言规范化职责的媒体,却在大量引用不规范的词语,这是一种悖论。网络用语的蔓延之势,反映的是对新闻接近性的错误理解,不仅不符合语言规范,而且会造成语言分裂。

总之,面对当前广播电视的语言不规范现象,我们需要义不容辞地捍卫广播电视媒体语言的规范性。媒体在考虑收视率的同时更多地需要肩负起社会责任,播音员、主持人更应做好社会语言用语的表率。

综上所述,一方面,活泼生动、幽默风趣的网络语言特别受到年轻人的欢迎,他们呼吁广播电视语言活泼化、轻松化,从而更具贴近性;另一方面,网络语言的大量入侵使广播电视语言越来越不规范、越来越混乱,人们也在呼吁慎用网络语言。究竟如何平衡好受众的需求与媒介的坚守?我们认为首先要认清广播电视在媒介圈中的地位和作用,并不断加以捍卫。广播电视媒体是党和人民的耳目喉舌,是文化传播的中坚力量,肩负着引导舆论的神圣使命,也担负着规范普通话的重要责任。因此在面对网络语言的"入侵"时,应该慎重选择,挑选合适得体的网络语言为己所用。正如敬一丹所说,"媒体在规范语言文字的同时不能封闭,不能拒绝新词语,我们既要注重传统、坚持规范,又要科学发展、面向未来"。广播电视节目有不同的类型,有时政新闻,也有民生新闻,还有一些访谈节目、娱乐节目。在人员分工上,有新闻主播、节目主持人和出镜记者。所以在对网络语言的应用上,不能一刀切,要区分栏目、节目、稿件和分工,广播电视从业人员要充分发挥把关人的作用。

其实,媒介语态也有其天然的生存法则。网络语言既非全盘荒诞不经,亦非个个创意无限。经过自然淘汰,那些生动形象、便于流传、富于创造性的词语,就会流传下来,而且创造出了新的意义,因此就会受到认同,成为正式词语。这个过程不可阻挡,所以,我们不能一笔抹杀,也不能盲目捧杀,审慎的选择和思考才是正确的态度。

第四节　广播电视媒体中网络流行语的使用

网络流行语在网络话语体系中异常活跃,被广泛使用,如"山寨""给力"

"hold 住"等。这些网络流行语在传统广电媒体中是否可以使用,这是学界争论的,也是困惑广电媒体播音员、主持人许久的问题。

一、网络流行语的界定

网络通常被称为"新媒体""第五媒体"。它是"基于数字技术产生的,具有高度互动性非线性传播特质,能够传输多元复合信息的大众传播介质。主要包括网络媒体、手机媒体和数字广播电视媒体"。从目前研究来看,大多数的研究者都能对网络流行语的主体——网络媒体流行语的内涵进行集中阐释。如黄涛、黄碧云等把网络流行语界定为由符号、字母、数字、汉字以及各种新奇的组合组成的特殊语言,网络流行语是一种特殊形式的口语,是人们在网上交际时使用的新鲜的词语;廖友国、张弛等认为网络流行语是指在一定时期内,在网络聊天平台中被网民们普遍使用的聊天语言,是一定时期内社会政治、经济、文化、环境及人们心理活动等因素的综合产物,并在网络传媒的推动下盛行的词、短语、句子或特定的句子模式。

根据网络的特点,网络流行语应该包括以下 5 个要素。

(1)在一定时点上产生,并在很短的时段内广泛传播或蔓延。

(2)可以是词、短语、句子或特定语段等不同形式。

(3)网络既是流行语盛行的载体,又是推动流行语盛行的工具。

(4)具有有效时段性,即在一段时间内盛行。

(5)特点是别致、活泼、新鲜。

综上,网络流行语的定义可以概括为一定时段内,在网络各交际平台中普遍使用的,并在网络的推动下广泛传播或蔓延的别致、活泼而新鲜的词、短语、句子或特定片段等。

当前网络流行语的影响力和渗透力已经超出了网络的范围,并向社会语言生活的各个角落蔓延,也包括传统媒体领域。网络流行语一方面丰富了传统媒体语言,另一方面也破坏了传统媒体语言的规范性和示范性,因此应当继续辩证地分析研究网络流行语在传统媒体中的规范使用问题。

二、网络流行语调查对象

以网络流行语的主体——网络流行语作为考察对象,重点探讨 2015~2020

年的年度十大流行语。这些年度十大流行语主要来自各大主流门户网站的历年调查统计，包括词、短语、句子以及特殊语段。同时参照《中国语言生活状况报告》(2015~2020年)所公布的年度流行语使用频率，综合得出以下年度十大网络流行语。

(1)2020年度十大网络流行语包括：逆行者；秋天的第一杯奶茶；带货；云监工；光盘行动；奥利给；好家伙；夺冠；不约而同；集美。

(2)2019年度十大网络流行语包括：不忘初心；道路千万条，安全第一条；柠檬精；好嗨哟；是个狼人；雨女无瓜；硬核；996；14亿护旗手；断舍离。

(3)2018年度十大网络流行语包括：锦鲤；杠精；skr；佛系；确认过眼神；官宣；C位；土味情话；皮一下；燃烧我的卡路里。

(4)2017年度十大网络流行语包括：打call；尬聊；你的良心不会痛吗；惊不惊喜，意不意外；皮皮虾，我们走；扎心了，老铁；还有这种操作；怼；你有freestyle吗；油腻。

(5)2016年度十大网络流行语包括：洪荒之力；吃瓜群众；工匠精神；小目标；友谊的小船说翻就翻；一言不合就××；供给侧；葛优躺；套路；蓝瘦，香菇。

(6)2015年度十大网络流行语包括：抗战胜利70周年；互联网＋；难民；亚投行；习马会；巴黎恐怖袭击事件；屠呦呦；四个全面；大众创业 万众创新；互联互通 共享共治。

三、网络流行语在广电媒体中的规范使用原则

传统广电媒体中网络流行语的使用规范与否首先应该区分"引用"和"使用"两种情况。"引用"是指在广电媒体中直接引用网络流行语，而这种被"引用"的网络流行语大多来源于热点新闻事件，与当前人们关注的焦点密切相关，每个词都带有浓厚的公共色彩，如"躲猫猫""被就业"等。对网络流行语的引用是广电媒体有意识选择的结果，主要用以表达自己的观点和见解。可以说，传统媒体对网络流行语所有有意识的"引用"都应该是合法的、符合规范的。

"使用"跟"引用"不同，它是一种应用，即传统广电媒体独立地应用网络流行语来表达意义，在应用这些网络流行语时会出现多种不同类别的不规范现象。这种不规范可能是网络流行语自身的不合法造成的，也有可能是在广电媒体中具体应用时的不合法造成的。因此，在处理网络流行语的"使用"时应该辩

证地分类分析。

(一)遵守相关法律、法规、规范性文件、部门规章等

遵守相关法律、法规、规范性文件、部门规章是网络流行语在广电媒体中使用时要遵守的首要原则。任何网络流行语的使用都不能与国家的相关法律法规相抵触,凡是违法违规的流行语,必然属于不规范的范畴,不能在传统媒体中使用。《中华人民共和国国家通用语言文字法》明确规定:"广播电台、电视台以普通话为基本的播音用语。需要使用外国语言为播音用语的,须经国务院广播电视部门批准。"《中国广播电视播音员主持人职业道德准则》第二十一条规定:"广播电视播音员主持人要积极推广、普及普通话,规范使用通用语言文字,维护祖国语言和文字的纯洁,发挥示范作用。"同时第二十二条规定,"除特殊需要,一律使用普通话。不模仿有地域特点的发音和表达方式,不使用对规范语言有损害的口音、语调、粗俗语言、俚语、行话,不在普通话中夹杂不必要的外文。"

此外,《关于印发〈广播影视加强和改进未成年人思想道德建设的实施方案〉的通知》中对广电媒体中语言的使用同样做出了规定,同时指出规范使用祖国语言文字对引导未成年人语言使用方面的重要意义。它指出:"要注意维护祖国语言文字的纯洁和规范。广播影视要坚持使用标准普通话和规范的汉字,帮助引导未成年人学习掌握和规范使用标准普通话。广播影视节目要提倡语言美,倡导文明用语、规范用语,净化语言文字环境,不能使用粗话脏话;除特殊需要外,节目主持人必须使用普通话,不要以追求时尚为由,在普通话中夹杂外文,不要模仿港台语的表达方式和发音。"传统广电媒体中网络流行语的使用必须遵守上述规定,否则就是不规范的。

除了国家层面的相关法律法规等要求外,中央电视台作为国家级媒体也出台了相关规定,对播音员、主持人的语言使用提出了要求。《中央电视台播音员、主持人管理办法》第三十八条规定:"规范使用国家通用语言文字,维护祖国语言和文字的纯洁,发挥示范作用。从事普通话播音、主持工作的人员,须用标准普通话进行播音、主持。不得在普通话中夹杂不必要的外文,不模仿有地域特点的发音和表达方式。"此外,国家广电总局专门向中央电视台下发了相关通知,要求:"在主持人口播、记者采访和字幕中,不能再使用诸如 NBA、GDP、CPI

等外语缩略词。"网络流行语同样要遵守这些规定。

(二)语言符号自身规范和语言符号使用规范

网络流行语,本质上是属于语言符号系统范畴,而语言符号自身是有法则的,包括语法规则和语用规则,在广电媒体中使用的网络流行语在使用时必须遵守这些规则,这是由广电媒体语言示范性决定的。因此,网络流行语的规范应从语言符号自身规范和语言符号使用规范两个层面入手加以考虑。

1. 语言符号自身规范

语言符号是能指和所指的统一体,也是形式与内容的统一体,因此语言符号自身的规范可以分为语言形式的规范和语言内容的规范,而其形式又主要表现在语音和文字两个层面。

(1)语言形式规范方面,分为以下两点。①语音的规范。语音的规范主要是指流行语的发音要符合普通话的语音规范。网络流行语中存在大量谐音类流行语,这类流行语一般是通过随意改变普通话标准发音而重新创造的,如"有木有""灰常"等。这类流行语在广电媒体中的使用都是不规范的,尤其是在广播媒体中,由于缺乏字幕的参照,听众对此类谐音式流行语的认知较为困难,影响其理解。②文字规范。《中华人民共和国国家通用语言文字法》规定"推行规范汉字"。规范汉字是指国家有关部门发布的经过简化和整理的字表规定的现行汉字,而不规范汉字既包括不符合国家发布的汉字整理的字表规定的汉字,如国家已经简化的繁体字、已经整理的异体字、旧字形等,也包括读错的错别字。网络流行语的使用在汉字层面的规范重点体现在电视媒体字幕中。这主要包括两类:一是新造字的规范,如"毛",字义为不值钱、没有价值,这些自造字应加以规范,不能在电视字幕中使用。否则会影响到观众对电视所传递信息的理解。二是指网络流行语的误写或者错写等不规范现象。传统广电媒体的字幕必须严格使用规范汉字,杜绝错别字和不符合规定的汉字。

(2)语言内容规范。语言内容的规范也是语言自身规范的一个重要组成部分。传统广电媒体中语言的内容必须符合法律法规,这要求流行语内容健康向上、不迎合低级趣味、不能错用等。例如,在传统广电媒体当中,"被河蟹"等这些词语的内容带有某种特殊的含义,不允许出现在传统广电媒体中。

2. 语言符号使用规范

语言符号的使用要遵循一定的规则,即指在具体语境的使用规则。网络流行语的使用要符合语境,即要符合说话时牵涉到的人或物,时间处所、社会环境以及说听双方的辅助性交际手段,包括表情、姿态、手势等非语言因素,还要遵循一般的语用原则,即合作原则、礼貌原则等。例如,"神马都是浮云"在不同语境中的使用可以表示不同含义,有时表示"淡泊名利",而有时表示"不思进取",在具体使用中要能根据语境变化选择恰当含义。再且,大部分网络流行语是特定环境下约定俗成的符号表达样式,只在特定环境下发挥作用,未经审核将这些网络流行语引入传统广电媒体,则会使大众无法理解流行语的意义,或是曲解词语本义。如"沙发"一词在网络当中指论坛中第一个回帖的人,与"沙发"的传统意思相差太大,传统广电媒体的受众未必都能了解新义,因此在传统广电媒体当中须慎用。总之,语言符号使用的规范可以概括为以下三点。

(1)语体规范。语体是为了适应不同的交际需要而形成的语文体式,它是修辞规律的间接体现者。根据交际目的的不同,语体可分为公文语体、科技语体、政论语体、文艺语体等。前三种语体样式要求语言表达准确、严肃,而文艺语体的语言表达相对比较活泼、轻松。网络流行语本身就带有一定的语体色彩,因此在运用网络流行语时必须考虑语体规范。例如,"亲"等网络流行语只能出现在文艺语体当中,而不能用在公文语体、科技语体和政论语体当中,也就是说,在湖南卫视《快乐大本营》等娱乐节目中使用"亲"是规范的,而在中央电视台《焦点访谈》等政论节目中使用就是不规范的。

(2)时效性规范。网络流行语具有时效性的特点,已经过时的流行语不宜在当前使用。例如,"雷人"是2008年的网络流行语,如果主持人在2018年广电媒体中还在使用,就会失去其时效性,幽默感和新鲜度就会大幅下降,从而影响其表达效果。近几年央视春晚的语言类节目常常受到网友的非议,部分节目中使用的流行语往往是已经过时的流行语,不仅降低了小品的语言效果,甚至弄巧成拙。此外,"楼脆脆""范跑跑"这一类的流行语具有较强的事件背景联系,在使用时如果没有联系具体事件,或是时间已久,事件不再是社会焦点,受众就无法从流行语本身得知其内在含义,因此也无法很好地理解这些流行语使用时所具有的意义。

(3)色彩意义使用规范。每个网络流行语,无论是词、短语还是句子等都有其特殊的表达含义,都带有一定的感情色彩,而且词汇的感情色彩会随着社会的发展而改变。因此,如果没有明确所使用的流行语当前带有的感情色彩,就很容易出现使用失范的情况。例如,"芙蓉姐姐",原来带有贬义色彩,但现在变为褒义词,成为励志、上进的代名词,如果没有明确这一点,仍当作贬义词使用则会发生语义上的理解错误,造成使用上的不规范。

四、促进广电媒体中网络流行语规范使用的对策

(一)提高规范意识

要想解决传统广电媒体中网络流行语使用的不规范问题,首先就要提高传统广电媒体从业人员语言使用的规范意识,特别是对网络流行语的规范使用意识。要充分认识到对网络流行语规范的必要性和重要性,这对维护国家通用语言文字规范健康和纯洁发展,对继续发挥传统广电媒体在语言文字使用方面的示范、引导与推动作用,对青少年良好语言表达习惯的养成都具有重要意义。

(二)加强法律法规及相关制度建设

在严格遵守《国家通用语言文字法》以及相关法规的基础上,要制定《国家通用语言文字法》实施细则,可以将媒体语言规范,特别是网络流行语在传统广电媒体中使用的规范写入其中,从法制建设方面为媒体语言规范提供保障,逐步引导网络语言的使用从不规范到规范。国家广电部门要进一步修订完善《中国广播电视播音员主持人职业道德准则》以及相关制度,应明确单列网络流行语的规范使用这一条。此外,各地方广电主管部门可以根据当地实际制定相关制度,全面保障传统广电媒体中网络流行语使用的规范性。

(三)加强学术研究

组织专家学者和一线工作者加强对网络流行语规范使用的研究。研究者要通过调查分析,为网络语言规范性提供鉴定结果,确立规范标准,为广电媒体从业者提供切实可行的标准规范。专家可以进一步将研究成果同一线播音员、主持人进行交流,共同研究网络流行语使用的规范标准,从而更好地增强规范标准的科学性与操作性。

(四)加强队伍素质建设

定期组织广电媒体一线工作人员,特别是播音员、主持人针对网络流行语规范使用问题进行学习研讨,以培训的形式提升从业人员对网络流行语发展趋势的把握,帮助其树立科学、明确的语言规范观。此外,还可以进一步拓宽交流渠道,为播音员、主持人提供更广阔的交流平台。

第五章　媒体的语言艺术

第一节　语言表达与修改

一、语言表达的重要性

语言是最重要的交际工具,会说的人常常出口成章,会写的人往往妙笔生花,能有效利用语言这一交际工具的人会更好地与人沟通,表达思想情感,展现自我的个性与魅力。

语言是思维的工具,思维是语言的内容,没有离开语言的思维,也没有离开思维的语言,二者的关系密不可分。在说母语时,这一理论往往习焉不察,但说外语时遇到的"磕磕巴巴"等现象常常跟思维的暂顿或混沌有关。因此,思维的顺畅影响到语言的流畅,而语言的流畅可以体现思维的顺畅。一般来讲,思维包括理性的逻辑思维和感性的形象思维,因为思维方式的不同,采用的语言符号形式也会有所差别。文学家擅长于感性的形象思维,在他们的思维中,万物皆有灵,借景抒情,寓情于景,情景交融,所以他们笔下的事物往往不只是事物本身,而是形象或情感的寄托。科学家擅长理性的逻辑思维,他们对事物的认识会基于事物本身,从而给出合理科学的解释。

例如,"月亮"是文人笔下的一个重要意象,如"床前明月光",寄托的是思乡之情,"海上生明月",表达的是相思之情,而苏轼的《水调歌头》,则将"明月"这一意象之美发挥到了极致:

明月几时有?把酒问青天,不知天上宫阙,今夕是何年?我欲乘风归去,又恐琼楼玉宇,高处不胜寒,起舞弄清影,何似在人间。转朱阁,低绮户,照无眠。不应有恨,何事长向别时圆?人有悲欢离合,月有阴晴圆缺,此事古难全,但愿人长久,千里共婵娟。

但在科学家眼中,月亮上面根本没有嫦娥,也没有玉兔,更没有桂花树,下面是小学课本《飞向月球》的片段：

　　月球上没有宫殿，也没有嫦娥和玉兔，只能看到广袤的荒原上高山耸立，巨石嶙峋。随着太阳光线角度的变化，月球的表面呈现出各种奇异的色彩，有时是灰色的，有时是棕色的，有时是黄色的。

　　无论是艺术家的感性的形象思维，还是科学家的理性的逻辑思维，语言这个工具都可以把它们分别明确地表达出来。但如果你的头脑中没有这些与思维方式相应的词语符号，相应的表达方式，那么就无论是达意传情，还是议论推理，也就无法明确地传递出信息来。因此，语言和思维是互动的，培养写作思维，提高语言表达能力，是相辅相成，相得益彰的。

二、语言表达原则与技巧

　　在语言表达方面，可谓各具特色，没有统一的规范及标准，但有一些基本的原则和常用的技巧是值得我们关注和学习的。

（一）精确原则

　　语言的精确指的是语言的准确和精练。所谓准确，即语言能够恰到好处地表现某一事物的性质、状态和色彩；所谓精练，即用最经济的语言去描绘和概括丰富的生活和思想。

　　古今中外的文学家，同时也是语言艺术的大师，他们在使用语言时特别注重语言的精确性，讲求选择最恰当的词语表现作品的内容。如杜甫在《江上值水如海势聊短述》中说："为人性僻耽佳句，语不惊人死不休。"卢延让在《苦吟》中说："吟安一个字，捻断数茎须。"贾岛在《题诗后》说："二句三年得，一吟双泪流。"陆游在《幽居夏日》中说："形骸已与流年老，诗句犹争造物工。"曹雪芹在创作自述中说："看来字字皆是血，十年辛苦不寻常。"袁枚在《随园诗话》中说："余尝谓：一切诗文，总须字立纸上，不可字卧纸上。人活则立，人死则卧，用笔亦然。"这种能立纸上之字，当然也是选择最精当的字。老舍先生也曾说："用普通的话，经过千锤百炼，使语言得到新的生命，新的光芒。就像人造丝那样，用的是极为平常的材料，而出来的是光泽柔美的丝。我们应该有点石成金的愿望，叫语言一经过我们的手就变了样儿，谁都能懂，谁又都感到惊异，拍案叫绝。"

　　为了追求语言的准确性，古人往往反复"择炼""推敲"。如王安石的"春风又绿江南岸"中的"绿"字,初是"到"字,后相继改为"入"字、"过"字、"满"字等十来个字后,才选定"绿"字。黄山谷的"高蝉正用一枝鸣"中的"用"字,初是"抱"字,后相继改为"占"字、"在"字、"带"字、"要"字,最后选定为"用"字。这些语言技巧很值得我们传承和发扬。

要做到语言的精练,避免芜杂、拖沓、冗繁,除了字词的"择炼",还要注意"炼意"。赵翼在《瓯北诗话》中说:"所谓炼者,不在于奇险诘曲,惊人耳目,而在乎言简意深,一语胜人千百。此真炼也。"邵雍在《论诗吟》中指出:"炼辞得奇句,炼意得余味。"刘知几在《史通·叙事篇》中说:"言近而旨远,辞浅而意深。虽发语已殚,而含意未尽。使夫读者,望表而知里,扪毛而辨骨,睹一事于句中,反三隅于字外。"我国古典诗词中擅用这种"片言明百意"的手法。现代作品中,也不乏"炼意"的佳作。例如,老舍的中篇《月牙儿》,是由原来的长篇《大明湖》浓缩而成,其短篇《二魂枪》(5 000字)是由长篇《二拳师》(10万字)浓缩而成。

语言的精确性与形象性密不可分。我们经常会发现,作品中一两个字眼用得准确,就会使全句顿生神韵。王国维在《人间词话》中举例说:"'红杏枝头春意闹',着一'闹'字而境界全出。'云破月来花弄影',着一'弄'字而境界全出矣。"可见,语言的精确也使其意境更生动。

(二)形象原则

刘勰在《文心雕龙·物色》中曾称赞《诗经》的语言"灼灼状桃花之鲜,依依尽杨柳之貌,杲杲为日出之容,瀌瀌拟雨雪之状,喈喈逐黄鸟之声,喓喓学草虫之韵。"刘勰这里很具体地指明了《诗经》语言的形象性。高尔基曾在赞叹列夫·托尔斯泰的语言艺术时说,他描写出来的形象,使人"真想用手指去碰碰",说明作者用形象的语言把人物写活了。

为增强语言的形象性,作者所运用的技巧和方法是多种多样的,各人有各人的招数、诀窍,如善于描摹、擅用修辞手法、善于抓住特征等。例如:①她轻轻地跳上冰床子后尾,像一只雨后的蜻蜓爬上草叶。(孙犁《嘱咐》)②老太太开始向前走,小短腿像刚孵出来的小鸭子似的;走的时候,脸上的肉一哆嗦一哆嗦的动,好像冬天吃的鱼冻儿。(老舍《二马》)③三仙姑却和大家不同,虽然已经四五十岁,却偏爱当个老来俏,小鞋上仍要绣花,裤腿上仍要镶边,顶门上的头发脱光了,用黑手帕盖起来,只可惜官粉涂不平脸上的皱纹,看起来好像驴粪蛋上

下上了霜。(赵树理《小二黑结婚》)

(三)抒情原则

白居易曾说:"感人心者,莫先于情。"孙犁说过:"没有真实的激动了的感情,就写不成好文章。"写作者有了真情实感,才能写出感人的作品来,而这些情感正是通过一个个蕴含着情愫的词语、句子,抒发倾吐出来,像一条彩桥,把作者和读者的心连在一起。

为增强语言的抒情性,可以采用直抒胸臆的方法,如郭沫若《屈原》中的"雷电颂",《天安门诗抄》中的语言等。同时,由于汉语的"意美"特征以及汉族人含蓄、蕴藉思维方式,我们在表现语言的抒情性时还常常使用"情景交融""情隐言外"、象征、暗示、空白等手法,给读者广阔的想象空间,让读者在揣摩、体会中增强审美感受。我国的古典诗词常将这些技巧熔于一炉,做到表情无痕、表意无言。

(四)时代原则

语言是发展变化的,一百年前说"电脑"这个词,恐怕无人能懂,一百年后说"寻呼机",恐怕所懂之人无几。时代精神会渗透到语言中,使语言不可避免地带有时代特色。只要我们比较一下不同时代语言,如明代的《水浒传》和清代的《红楼梦》,就不难发现其语言的时代特色。刘勰在《文心雕龙》里说"时运交移,质文代变""歌谣文理,与世推移",其中即提到了语言随时代变化的观点。

语言又是需要规范的,中国人口众多,方言丰富,如果不加以规范,就会陷入混乱。因此,我们要正确处理好语言发展与语言规范之间的关系,促进汉语的健康发展。

1. 汉语的发展变化

中国正处于一个发展变化非常迅速的阶段,汉语也随现代科技的发展和新事物新概念的产生不断变化。许多原有的词有了新的改变或新的用法。例如,月光、山寨、老板、雷、囧、灌水、虾米、病毒、恐龙、青蛙等。

更多的是新词新语的出现,例如,网络、网吧、网银、网友、驴友、黑客、闪客、的士、的哥、的姐、白领、金领、雷人、房奴、菜鸟等。

有一些还是字母词,例如,3D、4G、QQ、WTO、B超、X光、CT、PK等。

同时,一些词语渐渐退出历史舞台,例如,早请示晚汇报、串联、合作社等。

新词新语的大量产生,反映了科学的发展和社会的变革,我们应该与时俱进,不断关注语言生活,学习新词新语。

2. 汉语的规范化

语言规范化,就是根据汉语的发展规律来确定和推广汉语在语音、词汇、语法方面的标准,对其进行规范,把那些不合规律的、有分歧的语言现象加以淘汰,以便更进一步地发挥汉语的社会交际作用,促使汉语朝着健康的方向发展。

现代汉语的规范化标准是:以北京语音为标准音、以北方话为基础方言、以典范的现代白话文著作为语法规范的普通话。它是占我国90%以上的人口的汉民族的共同语,也是我国各民族交往的工具,是我国广播电视、新闻媒体的主要民族语言。

以北京语音为标准音的"取音标准",是讲求原则的,其原则主要体现为舍"寡"取"众"、舍"俗"取"雅"、舍弃个人习惯,求其意义区别。例如:"从容"的"从"本来读 cōng,因这个音只用于这个词,很多人容易误读,后来就"从众"读 cóng 了。"呆板"的"呆"原来的读音为 ái,现在也改为 dāi 了。以北方话为基础方言指的是普通话的词汇标准,它规定了普通话词汇取词的基本范围是北方话,但不是北方话的任何词都可以进入普通话,其主要原则是考虑到词汇的"通用性",例如:"老头儿"一词,山西、陕西等地说"老汉",但北方大部分地区说"老头儿",所以普通话就选用这个通用的。同时,其他方言中一些有表现力的词也可以吸收进普通话,例如:"垃圾""尴尬""的士"等。以典范的现代白话文著作为"语法规范",是要求其用例的取材范围是白话文著作,而且是"现代"的和"典范"的著作。现代著名作家的优秀的白话文作品,就是这种典范的白话文著作,当然要以这种著作中的一般用例(不是特殊用例)作为语法规范。例如,鲁迅的作品中有一些文言色彩或方言色彩的词或句式表达,就应该作为特殊用例对待。

目前,汉语不仅是汉族与兄弟民族交际的工具,也是兄弟民族之间经常使用的交际工具,说汉语的人占全国总人数的90%以上,它是我国使用人数最多的语言。汉语对我国各族人民的相互了解、相互学习,对全国人民的大团结,都起到了很大的作用。在国际上,汉语是世界上使用人数最多的语言,差不多每五个人中就有一个是说汉语的。国外孔子学院的成立,更加速了汉语国际传播的脚步,对树立中国的国际形象有重要作用和深远意义。

在这个背景下,汉语对内交往及对外传播的需要对汉语的规范化提出了越来越高的要求,人们越来越深刻地认识到汉语规范化的重要性和迫切性。但是,近年来,我国语言文字的应用现状与社会发展的要求相比,还存在不少滞后现象:有些地方方言盛行,社会上滥用繁体字,乱造简化字,乱造音译字,影视新闻媒体中也存在着大量的不规范现象。这些现象在一定程度上削弱了汉语作为交际工具的作用。在全国人大代表和政协委员多年的呼吁和努力下,《国家通用语言文字法》终于诞生了,经全国人大常委会审议通过,于 2001 年 1 月 1 日起施行。这是我国第一部语言文字方面的专项法律,它的颁布实施将有力地促进现代汉语的规范化,使国家通用的语言文字在社会生活中更好地发挥作用。

广播、电视、网络等是现代化的传播媒介,具有传播速度快、受众范围广、影响力强的特点,以其崭新的传播手段使整个世界显得更加纷纭多彩、丰富多变。它还以不可抗拒的力量改变着人们的生活方式,强有力地影响着广大受众的语言实践。因此,推广普通话和促进汉语规范化是媒体工作者必须承担的光荣责任。《国家通用语言文字法》中第二章第十二条、第十四条、第十六条、第十九条,都对广播电视工作者以普通话为工作语言、普通话水平必须达到国家规定的等级标准做出了具体而严格的规定。近年来,广电总局对影视作品中使用的语言也给出了具体而明确的规定。

在当今的互联网时代,语言的发展更是瞬息万变,与时俱进的语言政策和语言规范标准就显得更加重要。例如,随着网络的发展,许多网络用语迅速蹿红,但它的生命力如何,能不能进入口语,或者哪些可以进入,哪些不可以,这些语言生活实践中的具体问题都应该有一个较为科学可行的规范。

因此,应该时刻关注语言生活,树立语言规范意识,实践语言政策,成为执行语言政策的楷模。

三、语言修改

古今中外无不重视修改的重要性。清代胡震亨的《唐音癸签》卷二十六中提到了白居易改诗的证据:"诗不改不工,老杜所谓'语不惊人死不休'是也。今人第哂白香山诗率易,不知其诗亦非草草就者。宋张文潜尝得公诗草真迹,点宥多与初作不侔(相同)云。"曹雪芹写《红楼梦》,于悼红轩中,披阅十载,增删五次,"字字看来皆是血,十年辛苦不寻常"。老舍的《春华秋实》,曾从头到尾重写过10次,手稿达50万字,相当于最后定稿字数的十倍。杨朔的《雪浪花》,全文仅3 000字左右,发表前反复修改多次,共改动了200多处。到发表时,初稿一字未改的只有15句。海明威的名著《永别了,武器》的最后一页,修改了39遍才满意,另外,他把《老人与海》的手稿反复读过近200遍才最后付印。列夫·托尔斯泰在《复活》中,为了塑造饱经忧患、受尽折磨的妇女玛丝洛娃的生动形象,光是她受审出场时的肖像描写就改了20次。第一稿是这样的:

"她是一个人瘦削而丑陋的黑发女人,她所以丑陋,是因为她那个扁塌的鼻子。"

后经过十多次修改,增删了材料,最后在他第二十次的手稿上,终于描绘出了我们现在所见到的玛丝洛娃的形象:

"一个小小的年轻女人,外面套一件灰色的囚大衣。她头上扎着头巾,明明故意地让一两绺头发,从头巾里溜出来,披在额头。这女人的面色显出长久受着监禁的人的那种苍白,叫人联想到地窖里储藏着的番薯所发的芽。两只眼睛又黑又亮,虽然浮肿,却仍旧放光,其中有一只眼睛稍稍有点斜睨。"

文章的修改既包括内容的修改,如主旨的变化、材料的增删、结构的调整等,也包括语言的修改。这里主要谈语言的修改。

语言的修改包括两个层面:一是"通不通",即语言表达是否通顺、畅达,这是对语言最基本的要求,主要跟语法知识相关;二是"好不好",即如何能提高语言表达的效果,使语言更具艺术美,主要跟修辞知识相关。

第二节 语法知识及其运用

作为交际工具的语言,必须根据一定的结构规律,把语言单位组合起来,构成一个一个的句子,再通过声音传达给对方,才能起到交流思想的作用。例如:"妹妹""不""吃""白菜"四个词,可以组成:"妹妹不吃白菜。"却不可说:"不妹妹白菜吃。""吃妹妹不白菜。"说明这些词组成句子时必须合乎一定的规律,语言的结构规律就是语法。

使用母语者对于母语的语法规律往往习焉不察,也常常忽视语法方面的检视,一旦疏忽大意,或缺乏对语法规律的敏感度,还是经常出现语误。据报载:一位厂长在大会上宣读文件,文件里有这样的话"已经取得大专学历的和尚未取得大专学历的干部……"厂长坦然念道:"已经取得大专学历的和尚/未取得大专学历的干部……"听众闻之大笑,厂长严肃地说:"有什么可笑的?时代不同了,当和尚也要大专学历嘛!"于是又引起哄堂大笑。这位厂长断句有误并"巧"为之讳,确实可笑;但文件的起草者如果把这句的连词"和"改为"以及"(或把"尚未"改为"没有"),这种笑话就可以避免了。南方某地方报纸有一则新闻《市长盖宽和女儿结婚不收礼》,外地读者读后愕然,他们不了解当地情况,误认为市长名叫"盖宽"。但如将该标题"和"后加上"的"字,就可以消除歧解了。因此,掌握一些基本的语法知识是非常必要的。下面介绍一下语法知识运用方面常见的错误。

一、词类及其运用

汉语的词类分为实词和虚词两大类,实词包括名词、动词、形容词、区别词、数词、量词、代词、副词、拟声词、叹词,虚词包括介词、连词、助词、语气词。每一类词有自己的语法特点,使用时要注意,避免造成词类的误用。

(一)名词的误用

在语言运用中,个人随便改变名词的语法功能,就出现名词的误用,例如:"胡适正在早餐,吃的是徽州饼。"(白吉庵《胡适传》)"有一家出版社的负责人,一年竟主编或副主编了200余种图书。"(《经济日报》1994年9月24日)"妹妹考上研究生,我们都十分骄傲和荣誉。"第一句的"早餐"是名词,这里误用作动词,应为"用早餐"或"吃早餐"。第二句的"副主编"是名词,误用作动词,可改为"做了200余种图书的主编或副主编"。第三句的"荣誉"是名词,误用作形容词,可改为"荣耀"。

(二)动词的误用

"虽然他们编造了种种捏造,妄图破坏我们的友谊,但他们永远是徒劳的。""老唐利用休息时间,帮忙阿娇整理污泥,并重修那间木屋。""包装可以,但不能太包装。"第一句中"捏造"为动词,误用作名词,可改为"谣言"。第二句中"帮忙"是不及物动词,不能加宾语,可改为"帮"。第三句中"包装"是动词,不能受程度副词"太"的修饰,可改为"过度包装"。

(三)形容词的误用

"鸽哨宁静着一个个黎明,划亮行人的瞳孔。""随着时间的推移,他们的友好不断增加。""他们最终一致了意见。"第一句中"宁静"是形容词,误用作动词,可改为"鸽哨伴着一个个宁静的黎明"。第二句中"友好"是形容词,误用作名词,可改为"友谊"。第三句中"一致"为形容词,误用作动词,可改为"达成了一致的意见"或"统一了意见。"

(四)数词、量词的误用

"因为改革措施得当,该厂产值、利润同步提高,到去年年底,总产值已经增长到百分之四十。""这次没过关的只有他们俩个人。""赵家坡这个小山庄,自力更生建起了一座蓄水近十万多立方米的水库。""天边有颗模糊的星光偷偷探出了头,是你的眼神依旧在远方为我在守候。"(歌词《星星点灯》)第一句中"百分之四十"是净增数,不能用"增长到",应为"增长了"。第二句中"俩"即"两个",不能再用"个"。第三句中表示概数的"近"和"多"矛盾,应去掉其中一个。第四句中"颗"不是"星光"的量词。

(五)副词的误用

"新来的经理同老经理一样,更会体贴职工。""他在工作中犯了这么大的错误不是偶尔的。""谁也不会否认,地球不是绕着太阳转的。"第一句中副词"更"有比较的意思,与前面"一样"矛盾,可改为"也很会体贴职工"。第二句中"偶尔"是副词,误用作形容词,可改为"偶然"。第三句中多重否定误用,后面部分可改为肯定形式"地球是绕着太阳转的"。

(六)代词的误用

"他(卢嘉川)知道敌人如果真正得到了他们的名单,便不会同他这么费劲了,正因为他不知道,所以他说'知道了'。""毕业参加工作以后,父母为自己操心少多了。""在农村时,我和小张住在李大伯家里。当时,我高兴地对小张说:

'那里就是我们的家啊!'"第一句中"他"一词多代,既代"卢嘉川",又代"敌人",可改为"正因为敌人/这些家伙不知道,所以才说'知道了'"。第二句中"自己"既可指"我",也可指"父母",可改为"父母为我操心少多了"。第三句中"那里"是"我"当时说的话,应改为"这里"。

(七)介词的误用

"走在大街尽头,已是万家灯火。""这些名著,对他们是很陌生的。""他们正在拯救道德世界免受物质凌虐而努力。"第一句中"大街尽头"是动作行为发生的终点,应用介词"到"。第二句中"他们"是陌生的主体,不是客体,应改为"他们对这些名著是陌生的"。第三句为介词误缺,"……而努力"格式中,前面应加介词"为"。

(八)连词的误用

"师生进入本宿舍一律要出示工作证和学生证。""大象、大象,你喜欢爸爸或妈妈?""我去还是他去都行。"第一句中"和"应为"或"。第二句为疑问句,"或"应改为"还是"。第三句为陈述句,"还是"应该为"或""或者"。

(九)助词的误用

"愿天下有情人都成了眷属。""对广告法的实施,一些媒体采取着不以为然的态度。""以编辑名义回的一封信是他们的习惯做法。"第一句中"愿……"是希望的,没有实现,不能用表示实现的助词"了"。第二句中"采取"不能表示持续,故不能搭配助词"着"。第三句中助词"的"多余,应去掉。

(十)语气词的误用

"你有没有什么地方可以躲一躲吗?""门神不敢当,但大小是国门,使命是神圣。"第一句中"有没有"是反复问句形式,"……吗"是一般疑问句形式,疑问形式矛盾,可去掉"吗"。第二句中助词残缺,可改为"使命是神圣的"。

二、单句及其运用

句子是具有特定语调、能够表达一个相对完整的意思的语言单位,它是语言的基本运用单位。在交际和交流思想的过程中,词和短语只能表示一个简单或复杂的概念,句子才可以表达一个完整的意思。正因为有了句子,人类的思维活动的结果,认识活动的成果才能记载下来,巩固起来,使人类社会中思想交流成为可能。

句子可以分为单句和复句,构成单句的句法成分有主语、谓语、宾语、定语、状语、补语,这些成分的排列、搭配要受到句法、语义规则的制约,不能随意组合、排列,也不能任意增删。单句运用方面常见的错误有:搭配不当、语序不当、成分赘余、成分残缺、句式杂糅等。

(一)搭配不当

1. 主谓搭配不当

"夜风吹来,密匝匝的树枝和明晃晃的月光轻轻摇曳着,发出沙沙的响声。""服装的得体与否,也能够表现出人的线条美、气质美,显示出青春的活力。""参加这次运动会的八名男运动员和三名女运动员,均由优秀选手组成。"第一句中"明晃晃的月光"不能跟谓语动词"摇曳"搭配,更不能"发出沙沙的响声",可改为"在明晃晃的月光下,密匝匝的树枝轻轻摇曳着……"。第二句中主语"得体与否"跟谓语"能够表现出"不搭配,可改为"服装的得体"。第三句中主语"八名男运动员和三名女运动员"与"组成"搭配不当,可将谓语部分改为"均是优秀选手"或将主语部分改为"八名男运动员和三名女运动员组成的运动队"。

2. 主宾搭配不当

"《红楼梦》和《西厢记》是中国历史上描写男女爱情的优秀小说。""我国的盲人数量是世界上最多的国家。""2007年的国际影坛,是巨星陨落之年。"第一句中"《西厢记》"不是小说,可将宾语改为"优秀作品"。第二句主语"盲人数量"与宾语"国家"搭配不当,可将"国家"去掉。第三句中主语"国际影坛"跟宾语"……之年"搭配不当,可将主语部分改为"国际影坛的2007年"或将谓语部分改为"有很多巨星陨落"。

3. 动宾搭配不当

"爱情可以弹奏出迷人的妙韵。""当年华罗庚舍弃了国外的豪华生活和重金聘请,毅然地回到了祖国的怀抱。""人们不能不敬佩关汉卿在七百多年前就在舞台上创造了这样一个栩栩如生的女性形象。"第一句"弹奏"与"妙韵"搭配不当,可改为"旋律"。第二句"舍弃"跟"重金聘请"搭配不当,可改为"拒绝了重金聘请"。第三句"敬佩"后的宾语一般为"人",不能是"事件",句中为主谓结构,不恰当,可改为"人们不能不敬佩关汉卿,他在……"。

4. 定语、状语、补语与中心语搭配不当

"中学时代打下的坚实的基础知识,为他进一步自学创造了条件。""只有及时地和合理地发现问题,才能解决问题。""玻璃被擦得一干二净。"第一句的定语"坚实"不能与中心语"基础知识"搭配,可改为"基础"。第二句中状语"合理地"不能与"发现"搭配,可改为"只有及时地发现问题,才能合理地解决问题"。第三句中"擦"的补语不能用"一干二净",可改为"干干净净"。

总体来看,搭配不当的语病,有的是忽略了语义搭配的习惯,有的是弄混了某个成分在语法方面的管辖范围,这就告诉我们在组词造句时要从语义、功能、习惯等多方面把握句子成分之间的关系,并认真加以检查修改。

遇到搭配不当的语病,进行修改时应首先找出句子的主干,分析句子的主干是否搭配得当,如果主干没问题,在检查"枝叶",即定语、状语、补语跟中心语是否搭配。找到问题后,在确定具体的修改调整办法。

(二)语序不当

语序是指语言单位的排列顺序。语序不同,语言单位组合后的结构关系和意义往往也就不同。例如:"牛奶"和"奶牛","生产"和"产生","人为"和"为人","匆匆过客"和"过客匆匆"等。语序方面常见的语病有:

1. 多项定语语序不当

"批评和自我批评是有效的改正错误提高思想水平的方法。""考古工作者对两千多年前在长沙马王堆一号墓新出土的文物进行了多方面的研究。"第一句中定语"有效的"应放在"方法"之前。第二句中定语的次序应为"在长沙马王堆一号墓新出土的两千多年前的"。

2. 多项状语语序不当

"他逐字逐句地噙着泪水读完了这篇血肉丰满的文章。""林老师几次主动老远就热情地招呼他。"第一句的状语"逐字逐句"应放在"读"之前。第二句的

"主动"应放在"热情"之前。

3. 其他语序不当

"我对溥仪保存其前妻的相片认为这是人之常情。""他终于叩开了通向盲人光明世界的大门。""飞快地18次特快列车向北京奔驰。"第一句中"我"应放在"认为"前。第二句中"通向盲人"应为"盲人通向"。第三句中"飞快的"应加在"向北京"之前,将"的"改为"地"。

整体来看,造成语序不当的原因,主要是组织句子时偏重了语序的灵活性而忽略了它的强制性的一面,注意了词语排列的线条性而忽略语义关系的层次性。

遇到语序不当的语病,进行修改时,应先把握整体结构,在保持愿意的基础上,确定问题所在,本着调整语序为主、尽量不增减词语的原则做出具体改动。

(三) 成分赘余

1. 主语赘余

"往事的回忆又像电影一样一幕一幕地在我的眼前映现。""马金龙的成长和发展,使他认识到平凡人也可以做出不平凡的事情。"第一句中"往事"和"回忆"重复,可将"的回忆"去掉。第二句中应将"和发展"去掉。

2. 谓语赘余

"读完这篇文章,读者就会被主题所感染,使读者感到余味无穷,不忍释手。""给学生订阅有关报纸,并对报上必读的文章勾勾画画,以帮助学生阅读。"第一句中谓语赘余,可将"使读者"去掉。第二句中应将"进行"去掉。

3. 宾语赘余

"在他们积极努力下,全部科研项目提前完成了任务。""参加修建红星渠的劳动大军,响应上级的号召,又快又好地进行施工任务,争取提前完成这项工程。"第一句和第二句都应将多余的宾语"任务"去掉。

4. 定语、状语、补语赘余

"这句话的后面,包含了多么丰富的'无声'的潜台词呵。""在旧社会,穷苦的劳动人民受着三座大山的压迫,是共产党把劳动人民从水深火热中将他们拯救出来。""从此,原来这个平静的家里,就不时发生出使人不安的怪事来。"第一句应将多余的定语"无声的"去掉。第二句可将多余的状语"把劳动人民"去掉。第三句可将多余的补语"出""来"去掉。

整体来看,成分赘余的语病,有的是由于同义、近义词语堆砌造成的,有的是由于对某些语句结构的把握不当造成的,要坚持经济、简明的原则,避免各种重复冗余。进行修改时,要删去多余的成分。应该注意的是,在两个同义或近义的词语或表达方式中,其去留不是随意的,要慎重取舍。

(四)成分残缺

1. 主语残缺

"风儿掠过稻田时,恰似波涛滚滚的黄河,上下起伏。""《王老虎抢亲》中江南才子周文宾男扮女装,被王老虎抢回家,把他送到妹妹王秀英房中。""雨后新霁,彩虹横空,瀑布垂帘于翠壁,万壑争流于其间,群峰碧绿,万木滴翠,格外清新。"第一句主语残缺,可改为"风儿掠过的稻田",让"稻田"做主语。第二句暗中更换主语,可补出来"王老虎把他送到……"。第三句"格外清新"缺少主语,可补出其主语"空气"。

2. 谓语残缺

"从古代神话《嫦娥奔月》到敦煌壁画《飞天》,处处都反映着我国古代人民远离地球、飞入太空的强烈愿望。""南堡人民经过一个冬天的苦战,一道四米高、二十米宽、七百米长的拦河大坝巍然屹立在天目溪边。"第一句谓语残缺,可改为"我国古代人民幻想……的强烈愿望"。第二句可将前面改为句首状语"经过南堡人民一个冬天的苦战"。

3. 宾语残缺

"坝上草原的自然条件非常差,特别是风沙很大,严重影响农业生产,所以要彻底改变坝上地区贫穷落后,必须植树造林,防风固沙。""从中西医结合到完成新医学的过程,必须是中医、西医、中西医结合三种力量同时发展,不断使中西医结合向深度广度发展。"第一句可将残缺的宾语补出"彻底改变坝上地区贫穷落后的面貌"。第二句可将宾语补出"……发展的过程"。

4. 定语、状语、补语残缺

"《故乡》把旧中国'兵、匪、官、绅'对贫苦劳动农民压迫和剥削的程度深刻地反映出来了。""我们把学员集中在养猪场,同吃同住同劳动。""2月18日,最后一批滞留巴拿马的古巴难民被遣返美军在古巴的关塔那摩基地。"第一句中"程度"前应补充定语"残酷"。第二句应补出状语"跟养猪场工人"或"跟那里的工人"。第三句应补出"遣返"的补语"到"或"至"。整体来看,成分残缺主要是随意省略、顾此失彼、暗中更换某些成分等原因造成的,要在这些方面加以重视,不能因为简化句子而忽略语义表达的严密性、完整性、明确性。进行修改时,应从整句结构着手,根据句子成分之间的依存关系,找出残缺的成分,再结合愿意,补出适当的词语。

(五)句式杂糅

1. 两种说法混杂

同一内容,往往可以采用不同的说法。说话时,由于拿不定主意,既想用这种说法,又想用那种说法,结果把两种说法糅到一起,形成两句混杂。

"考场外来面试的考生人山人海,考试场设在一间古色古香的大厅里举行的。""住了几天,三连的同志们发觉,这个村为什么北山上采石叮叮当当,田地里生产却冷冷清清?"第一句可改为"考试场设在一间古色古香的大厅里",或"考试是在一间古色古香的大厅里举行的"。第二句"发觉"后不跟疑问形式,去掉"为什么",改为"这个村北山上采石叮叮当当……",将问号改为句号,也可将"发觉"改为"感到奇怪"。

2. 前后牵连

把前一句的后半句作后一句的开头,硬把前后两句连成一句。

"今天的节目中,我们邀请的是×××先生来到我们节目中。""当上级宣布我们摄制组成立并交给我们任务的时候,我们大家感到既光荣又愉快的感觉是颇难形容的。"第一句可改为"我们邀请到的是×××先生",或"我们邀请×××先生来到我们节目中"。第二句可改为"我们大家感到既光荣又愉快,这种感觉是颇难形容的"。

从整体上看,造成句式杂糅的原因主要是对相近的表达方式的不同结构特点把握不准,再加上两种表达方案纠缠在一起,未能理清。因此,我们要理清思路,对不同结构形式做出明确选择,不能犹豫不决、举棋不定。进行修改时,要首先弄清楚是哪两种结构或句式混杂或牵连了,然后再根据上下文选择其中一种合适的表达形式。

三、复句及其运用

复句是由两个或两个以上意义相关、结构上互不包含的单句形式组成的句子。构成复句的单句形式叫分句。分句之间结构上互不包含，就是说互相不做句子成分，没有句子成分之间的结构关系，这是复句的本质特征，也是单句和复句最根本的区别。请看下面例句：①历史证明了，人民群众的智慧和力量是无穷的；②浓云重得像山，远山又淡得像云，是这里常见的景色；③男人们一排一排地呆站着，女人们也时时从门里探出头来；④我是一个学生，昨天下雪了。第一句和第二句都是单句，因为它们虽然包含几个分句，但分句间有结构包含关系，"人民群众的智慧和力量是无穷的"做整句的宾语，"浓云重得像山，远山又淡得像云"做整句的主语。第三句是复句，前后分句各自独立，第四句的两个分句不能组成复句，因为二者没有意义上的关联。复句运用中常见的错误有：

(一)分句之间缺乏密切联系

"中国人民是勤劳的,中国人民决心发展同世界各国人民之间的友谊。""如果大家不认真学好语文,就不会有较高的思想水平。"第一句中"勤劳"与"发展……友谊"意义上没有必然的联系。第二句中"学好语文"跟"有较高的思想水平"在意义上也没有必然的联系。

(二)结构混乱,层次不清

"在抢险防洪的战斗中,经过四个多小时惊心动魄的同洪水搏斗,同志们奋不顾身地跳进汹涌澎湃的激流,保住了大坝,战胜了洪水。""不要人云亦云,道听途说。"第一句各分句的次序应为"战胜了洪水,保住了大坝"。第二句的次序应为"道听途说,人云亦云"。

(三)关联词语使用错误

1. 关联词语搭配不当

"我爱故乡,那不是因为它是我出生的地方,还因为那里的一山一水,草一木,都能引起我对许多美好生活的回忆。""只要增加投入,才能使粮食生产稳步增长。"第一句关联词语可改为"不仅……而且……"。第二句中"只要"应改为"只有"。

2. 缺少必要的关联词语

"他的小说不仅脍炙人口,广为流传,同时,他的书画作品造诣也很深。""新加坡的竹节虫,不仅体色几乎和竹子一样,体形在安静时完全像一根树枝。"第一句的关联词语应为"不仅脍炙人口,而且广为流传"。第二句在"体形"前补出关联词语"而且"。

3. 错用关联词语

"尽管你的帮助那么微薄,但在他的心上,却像千斤重的砝码。""谁要是犯了禁,不管他是豪门大族,都要用大棒责打。"第一句中的"尽管"应改为"虽然"。第二句"不管"应改为"即使",同时将"都"改为"也"。

4. 滥用关联词语

"他性格孤僻,不爱说话,所以学习上死记硬背,成绩不好。""因为他今天感冒了,所以没来上班,因此,我要给他请个假。"第一句和第二句中的关联词语"所以""因为""因此"都可以去掉。

5. 关联词语位置不对

"不等大家到齐,就他一个人干起来了。""他不是照顾老人,而是老人照顾他。"第一句中的"就"应加在"他"的后面。第二句中的"不是"应加在句首。

语言要合乎语法,做到文通字顺,这是带有强制性质的要求,不符合语法规范,就会产生语病,使文章达意不顺畅,传情受阻碍。因此,我们在这方面一定要谨慎小心、严于修改,多锻炼语言方面的功夫。

第三节　修辞知识及其运用

汉语文献中,"修"和"辞"两个字的连用,先秦就开始了。《周易》说"修辞立其诚",即"修饰文辞"。唐代学者孔颖达注释说:"'修辞立其诚,所以居业者','辞'谓文教,'诚'谓诚实,内外相成,则有功业可居,故云'居业'也。"

修辞是为适应特定的题旨情境,运用恰当的语言手段,以追求理想的表达效果的规律。陈望道先生的《修辞学发凡》提出了"修辞以适应题旨情境为第一义"的著名原则。作者把修辞中运用的语言作为工具,一再指出:"凡是成功的修辞,必定能够适合内容复杂的题旨,内容复杂的情境,极尽语言文字的可能性,使人觉得无可移易,至少写说者自己以为无可移易。"题旨情境包括了修辞内容、接受对象和语言环境等要素,是提高语言表达效果的一个基本原则。

修辞学研究的对象存在于交际活动之中,它只研究交际活动中的语言问题,而且是同提高表达效果有关的语言问题,不是一切语言问题。

修辞学的研究包括词语的选用和配合,句子的锤炼和选择,运用特定的修辞方式、篇章结构和语体风格等。这些研究既包括同义手段的选择,也包括某一手段的变异使用。修辞学研究的对象是为了提高语言表达效果而对语言进行的加工,其核心就是同义手段的选择,这种选择大都是在语言的各种变体之间进行的,如现代汉语的地域变体、言文变体、社会变体和风格变体等。综上,运用恰当的语言手段,适应特定的题旨情境,目的就是为了取得理想的表达效果。

一、修辞同语音、词汇、语法的关系

从语音方面看,修辞学利用谐音、叠音、拟声、双声叠韵、平仄、押韵、字调、重音、轻声、停顿、音节、节奏和儿化韵等语音现象,研究其在特定思想内容和语境中表现出来的感情色彩、意义的心理重心、音律美感和鲜明的民族风格。借用这些语音表现手段,可以构成语音双关、对偶、拈连、语音歇后、摹声、同字、谐音、讳饰、借代、飞白等修辞方式。

在词汇方面,修辞学从筛选、锤炼的角度去研究词语运用,从声音、形体、意义、色彩、用法等方面对词语加以调遣和安排。从这个角度研究修辞,涉及各种各样的语言建筑材料,如同义词、反义词、多义词、同音词、同形词、同素词、褒义词、贬义词、外来词、古语词、行业语以及熟语等。修辞学利用词语的特点,可以构成语义双关、反语、仿词、婉曲、对偶、对比、借代、通感、夸张、顶真、回环、拈连、反复、比喻、语义歇后等修辞格。

修辞要以合乎语法为基础,合乎语法是讲究修辞的先决条件。话语和文章的气势、力量、精彩、跌宕等方面的效果往往要靠句式的选用和调整,要靠句群的有效组织,如讲求句的长短、句的整散、句的分合,讲求句的繁简、句的常式与变式等。语法为修辞现象、修辞规律的体现提供表现形式,没有句子和句群,也就没有体现修辞外在形式的语言模式。所以说,语法研究的是语言的结构规律,即"通不通";逻辑研究的是思维形式和思维规律,即"对不对";修辞则研究提高语言表达效果的规律,即"好不好"。

如果以做饭来打比方,一个人如果从来不会做饭,但只要交给他一定的食材,并给他一本介绍详细的菜谱,他按照菜谱基本是能够把饭做熟的,但是他做的饭应该不会比一位资深的老厨师做出来的好吃。所以说,按照菜谱来做饭,就像我们说话符合语法规律一样,能够将意思表述清楚。但是,如果想把话说得动听、得体,就要像资深的厨师一样,会精准、独特地配料,做出一顿美味的饭菜,也就是要讲究修辞。

语言运用中的许多修辞现象不能机械地用逻辑和语法的尺度去衡量。

二、语音的锤炼

(一)锤炼语音的要求

1. 声调配合要抑扬顿挫

古代汉语中的声调分为平、上、去、入四声,而发展到现代汉语,古代的平声分为阴平和阳平,入声分别进入平、上、去三声中。那么,以现代声调为基准,阴平和阳平声调被归为"平",上声和去声被归为"仄",平声读起来语调平缓,仄声读起来语调曲折多变,口气较重。在律诗里,平仄在本句中是重叠交替的,在对偶句中是相互对立的。这两大类声调在诗词中有规律地交替使用,也就造成了诗词音调抑扬起伏、悦耳动听的音乐美。

2. 音节、节奏要匀称、平稳

在古代汉语中,单音节词占优势。而现代汉语中,双音节词占大多数,四字格数量多,能产性比较强。尤其在诗歌、戏剧作品、抒情散文以及口号、对联、标语和标题中,词语的音节搭配特别重要,它能增强文章的节奏感和气势。

一般说来,单音节词要与单音节词配合使用,双音节词要与双音节词搭配运用。

在日常口语交际中,如果是单音节的词,往往会变化为双音节或多音节词来使用。如对姓氏的日常称呼,人们习惯于称呼"老张、小李",如果是复姓,一般就不会在前面加上"老""小"这一类词,如"欧阳""诸葛"等。

反之,如果是多音节的词,在日常运用时,则往往简缩为双音节词或单音节词。如"中国和印度"会简称为"中印","龙井茶"则只用"龙井"代替。

表示节奏的基本单位叫作"音步"或"顿"。节拍是由一定数量的音节构成的音律单位。调配节拍是造成节奏美的一种方法。诗歌和说唱文学中,都特别重视节拍。

有一些词,自身并无意义,只起着协调音节的作用,叫作衬词。衬词虽然没有意义,但绝不是可有可无的。没有它,就拗口。有了它,就顺口,就悦耳。日常口语中的衬词是很多的,"这个""那个"之类。讲究语言节奏的诗歌韵文中,为了节奏和谐,也有运用衬词的。

3. 韵脚要和谐自然

押韵就是有规则地交替使用韵母相同或相近的音节,利用相同或相近的声音的有规则地回环往复,增加语言的节奏感和音乐美,使作品和谐统一。韵律是汉语诗歌的基本要素之一。我国的古典诗歌中,从《诗经》起到后代的诗词没有不押韵的,可谓"无韵不成诗"。"五四"以后的新诗虽然有一些无韵的自由体诗,但大都还是押韵的,只不过用韵较宽。

诗歌的押韵方式常见的有:

(1)偶韵:偶句押韵,隔句押韵。

(2)奇偶偶韵:四句一组的诗歌,第一句、第二句和第四句押韵。

(3)随韵:每两句(四句)一换韵,下句随上句押韵。

(4)排韵:数句押一韵,或"一韵到底"。

(5)交韵:四句一组的诗,第一、第三句一韵,第二、第四句一韵。

(6)抱韵:四句一组的诗歌,第一句、第四句一韵,第二句、第三句一韵,中间两句被其外两句所环抱。

(7)一字韵:每句的韵都相同。

(8)阴韵:某些句子之后加上某一虚词,以此构成全篇韵律。

(二)锤炼语音的技巧

1. 运用双声叠韵

运用汉语语音双声或叠韵的特点,构成传统的联绵词,即两个音节声母相同的叫作双声,两个音节韵母相同的叫作叠韵。双声叠韵能够形成一种回环的美。

2. 选用叠音形式

叠音,古时叫作"重言"或"复字"。叠音手法的使用,能够突出词语的意义,加强对事物的形象描绘,增加音乐美感。

3. 拟声

拟声,也叫摹声、绘声,是对客观世界的声音的模仿。模仿客观世界的声音而构成的词,通常叫作象声词。象声词不是客观世界声音的简单再现,而是根据一种语言的语音系统对客观世界的声音进行一番改造的结果,是客观世界的声音所固有的节律和一种语言所特有的语言特点相结合的产物。象声词的运用,能够使人感受到事物的生动性和内在的旋律,仿佛身临其境似的。

三、词语的锤炼

(一)简洁

语言应力求用简洁的词语、句子表达丰富的内容,做到"言简意赅"。意义上或字面上重复的词语,表达上不需要的修饰、限制语以及一些不必要的助词等不用或删去;意义上大同小异的一些词语也宁可使用字数较少的。

"图书馆阅览室的座位总是座无虚席。""中秋节的夜晚,月亮分外的圆,分外的大,分外的明亮和皎洁。"上述例句在句式结构和表意上均有不同程度的重复、繁冗。第一句中"座无虚席"已经包含了"座位"的意思,所以主语中的"座位"应删去。第二句中"明亮"和"皎洁"都有"明亮"的含义,语义显然出现了重复,应删去其中一个。

(二)规范

行文中,尽量不滥用文言词、外来词、行业语等,对于方言词等的使用也要依据一定的行文环境来考虑。

"离校前夕,老师的临别赠言又在我耳边响起,是那么的诚挚、亲切,那么的勖勉。""对这项工作我们要充分重视,可不能拆烂污。""向西望去,马路两旁楼房顶上异常庞大的 NEON 广告牌排成两阵,蜿蜒而去。"第一句中"勖勉"也可说作"勖勉",是勉励的意思。老师的临别赠言是亲切的、语重心长的,词语应用应是普通、自然的,不能使用文言古语词。第二句中"拆烂污"是南方方言,意思是做事苟且马虎,不负责任,致使事情糟到难以收拾的地步。第三句中"NEON"在句中的使用有些怪异,如果对于不熟悉此种产品的读者来说,完全不知道这事怎么回事。

现代汉语普通话吸收和采用了各种成分来丰富自身,但是这种吸收是有标准、有条件的。普通话在吸收其他成分的时候,应遵循普遍性、需要性和意义明确的原则,杜绝一切生造词语。

四、语义的锤炼

(一)达意准确

准确贴切是选用词语的基本要求,它不仅要求用词能毫不含糊地反映客观事物,妥帖地表达思想感情,而且还要求所用词语能切合题旨情境的需要。用词准确妥帖,就会产生一种质朴的美感和力量。

(二)色彩得体

词语的修辞色彩是人们在长期运用语言的过程中逐渐形成的,它不是个人运用语言的特殊表现,而是具有全民性和稳定性的。词语色彩是否分明直接关系用词是否确切,表达是否鲜明有力。

词语的色彩分为感情色彩和语体色彩。感情色彩是指词语反映客观事物时,或表达者选用词语时表现出来的不同态度与感情。不同的感情色彩或通过词义的褒贬体现出来,或借助词语的配合体现出来,或靠语境、修辞手法体现出来。这种词语总有一定的使用范围和使用情境,要受一定条件的限制。如果故意使用与本来意思相反的词语或句子来表达本意,这种手法叫作反语,也称"倒反""反话"。反语的使用,使得语言多变化,某种程度上比正面论述更有力。

语言不是文体(文章体裁),而是在一定交际领域,根据交际任务、内容、对象经常地有规律地反复运用某些语言材料和语言组合方式形成的一系列特点的综合,它有相对稳定的一定组合体式,是言语的社会功能变体。正确地使用带有语体色彩的词语不仅可以确切地表达我们的思想感情,而且可以造成一个和表达内容相适应的言语气氛,增加语言的感染力。如果在使用中不注意区分语体风格色彩,就会使表达风格不伦不类,出现不和谐色彩。但某些带有语体色彩的词语,有时具有一定的灵活性。

参考文献

[1]陈京生.华语广播电视媒体语言研究[M].北京:中国传媒大学出版社,2009.

[2]胡智锋,等.电视发展新论[M].北京:中国社会科学出版社,2016.

[3]黄楚新.新媒体:微传播与融媒发展[M].北京:人民日报出版社,2017.

[4]李宇明.语言学概论[M].2版.北京:高等教育出版社,2008.

[5]刘世雄,贺凯彬.网络语言广告:理论与应用[M].北京:中国经济出版社,2020.

[6]栾轶玫.融媒体传播[M].北京:中国金融出版社,2014.

[7]孟伟,刘洪妹.媒体写作与语言艺术.下册,实践篇[M].北京:中国广播电视出版社,2011.

[8]温怀疆,何光威,史慧.融媒体技术[M].北京:清华大学出版社,2016.

[9]徐大明,等.当代社会语言学[M].北京:中国社会科学出版社,2016.

[10]姚喜双.新媒体时代广播电视语言研究[M].北京:语文出版社,2013.

[11]于鹏亮.网络流行语嬗变与审视[M].上海:上海交通大学出版社,2020.

[12]曾婕,李利克,熊一民,等.广播影视语言传播与社会影响力研究[M].武汉:湖北人民出版社,2014.

[13]张瑞.融媒体环境下广播电视语言艺术研究[M].西安:西北工业大学出版社,2019.

[14]张锐.视听变革:广电的新媒体战略[M].北京:新华出版社,2015.

[15]周逵.融合与重构:中国广电媒体发展新道路[M].北京:中国传媒大学出版社,2017.